职业院校汽车类"十三五"
微课版创新教材

U0689032

O2O 在线教育图解
微课教程

汽车底盘
机械系统检修

张明 杨定峰／主编／／何扬 舒一鸣／副主编
赵林／主审／／朱军／总顾问

人民邮电出版社
北 京

图书在版编目（CIP）数据

　　汽车底盘机械系统检修 / 张明，杨定峰主编. -- 北京 ：人民邮电出版社，2016.6
　　职业院校汽车类"十三五"微课版创新教材　O2O在线教育图解微课教程
　　ISBN 978-7-115-42049-7

　　Ⅰ. ①汽… Ⅱ. ①张… ②杨… Ⅲ. ①汽车－底盘－机械系统－车辆检修－高等职业教育－教材 Ⅳ.①U472.41

　　中国版本图书馆CIP数据核字(2016)第063976号

内 容 提 要

　　本书共 5 个项目，项目一介绍常用汽车维修工具的使用，随后的 4 个项目分别介绍汽车底盘传动系统、行驶系统、转向系统和制动系统的检修。为了让本书达到学生"喜欢看、看得懂、记得清、用得上"的学习目标，各项目首先由情景案例引入，明确学习目标；中间穿插大量图片、提示、任务实施等模块来强化重点知识的学习；最后提供实操任务单对需要掌握的重点技能进行再次复习。

　　本书既可作为职业院校汽车类相关专业的教材，也可作为相关从业人员和汽车爱好者的参考书。

◆ 主　　编　张　明　杨定峰
　　副 主 编　何　扬　舒一鸣
　　主　　审　赵　林
　　总 顾 问　朱　军
　　责任编辑　刘盛平
　　责任印制　焦志炜

◆ 人民邮电出版社出版发行　　北京市丰台区成寿寺路 11 号
　　邮编　100164　　电子邮件　315@ptpress.com.cn
　　网址　http://www.ptpress.com.cn
　　固安县铭成印刷有限公司印刷

◆ 开本：787×1092　1/16
　　印张：10.25　　　　　　　　　　2016 年 6 月第 1 版
　　字数：261 千字　　　　　　　　2025 年 10 月河北第 31 次印刷

定价：44.00 元

读者服务热线：(010)81055256　印装质量热线：(010)81055316
反盗版热线：(010)81055315

本书编委会

前　言

30 年前，房子可以买卖？

20 年前，有一个大哥大，该是多神气呀！

10 年前，能有一辆属于自己的小汽车，那是多么美好的梦想呀！

今天，这些都还是问题吗？都还是梦想吗？！

2015 年，我国汽车产销量均超过 2450 万辆，连续七年全球第一，汽车保有量也早已跃居世界第二。巨大的汽车产销市场，使得我国的汽车后服务市场得到蓬勃发展。

深化教育教学改革已呼唤多年，但效果不明显。在职教领域，众多的专家、学者都在研究改革的破冰之路，引入案例教学、项目教学、理实一体化教学，目的都在于实现学生喜欢读、读得懂、学得会这三个目标。本系列职业教育汽车专业骨干课程教材，也不能免俗，由情境案例引入、相关理论知识学习、任务实施、实操任务单等模块构成。然而，在机电类（汽车也属于机电）课程的教学中，最大的问题在于很多零部件的工作原理，是无法通过图片等静态的模式来生动、形象地表现的，这是二维平面媒体最大的困惑。

"互联网 + 教育"给我们以启发，给创新带来手段。"节气门是如何工作的？""活塞的运动轨迹是什么样的？"等，这些在纸媒体上用枯燥文字呈现的知识，现在可以通过手机扫描二维码观看动画、视频的形式来进行学习。这种创新，既解决了抽象思维到形象思维的转变，又有效提高了学生的学习兴趣。

利用"互联网 + 教育"，这只是目前的一点点尝试，由文字转变为图像是思维的一个方面，然而由物体变为图像却是另一方面。纸质教材可以"互联网 +"，实训过程的"互联网 +"又该如何处理？也许未来全息三维动态显示技术、纸媒和物体的结合能解决这个问题。那时的学习将不仅是知识的传播，更是艺术的享受！

本书由张明、杨定峰任主编，何扬、舒一鸣任副主编，赵林主审。全书由中国汽车工程学会首席汽车维修专家朱军教授担任总顾问。参加本书编写的还有叶永辉、王金超、冯国栋、裴天任和许志威。另外，橙品广告传媒有限公司承担了部分微视频的制作，人民邮电出版社在版面设计、编辑和后台网络服务方面做了大量工作，在此一并表示感谢。

由于编者水平和创意思维有限，难免还存在不足之处，敬请读者批评指正。

编者
2016 年 1 月

CONTENTS

目 录

项目一
常用汽车维修工具的使用

项目引入

主人公卡卡在舅舅家的汽车修理厂看了好几天，从今天开始就要学习汽车底盘的维修了。舅舅把卡卡叫到身边说："卡卡，学修车不能光看，从今天开始你也要进行实际操作，那么就从汽车维修工具的使用开始吧。"

工具我会用呀，这个还用学？

舅舅细心的解释道："工具的使用也有大学问，很多修理工野路子出身，不注意汽车维修工具的使用，工作过程中不仅损坏很多零件，严重的还会造成自身受伤。"

1.你知道套筒扳手和开口扳手优先选用哪个吗？

2.你知道常用工具的使用方法吗？

3.你知道专用工具的使用方法吗？

舅舅一连串和尚念经似的唠叨，让我们的卡卡开始感觉到了汽车维修工具使用的重要性。

言归正传："同学们，接下来我们学习汽车维修工具的正确使用方法。"

学习目标

（1）了解常用汽车维修工具的类型。
（2）掌握扳手的优先使用原则。

 相关知识

汽车底盘修理的常用工具有扳手、钳子、螺丝刀、手锤、千斤顶、减震器弹簧夹、气动扳手、拉马、整车举升机等。

一、扳手

常用的扳手有套筒扳手、梅花扳手、开口扳手、扭力扳手、棘轮扳手等。使用工具时，不准用推力，应使用拉力。

1. 套筒扳手

车辆维修拆装螺栓和螺母时应优先选择套筒扳手，如图1-1所示。套筒和手柄，有13件、17件、24件等多种。

图1-1 套筒扳手

使用时，一只手按住套筒，防止松脱；另一只手扳动手柄即可进行螺栓或螺母的拆装，如图1-2所示。

2. 梅花扳手

梅花扳手适用于拆装5～27mm的螺栓和螺母。梅花扳手（见图1-3）两端类似套筒，有12个或6个角，可以将螺母头部牢牢套住，工作时不易滑脱，比较安全，因此使用范围较广泛。拆装时握住其靠后位置进行拆装，如图1-4所示。

图1-2 套筒扳手的使用

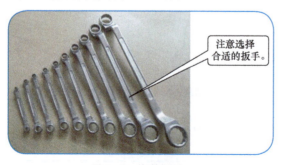

图1-3 梅花扳手

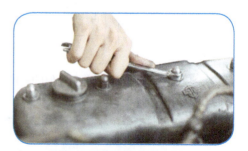

图1-4 梅花扳手的使用

3．开口扳手

开口扳手开口宽度在 6 ~ 24mm，有 6 件和 8 件两种，适用于拆装一般标准规格的螺栓和螺母，如图 1-5 所示。

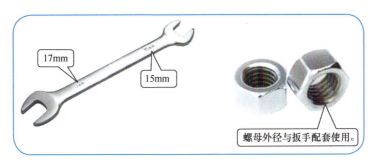

17mm

15mm

螺母外径与扳手配套使用。

图 1-5　开口扳手

4．扭力扳手

扭力扳手俗称公斤扳手，用以配合套筒拧紧螺栓和螺母，它分为普通扭力扳手和数显扭力扳手两种，如图 1-6 所示。在现代汽车维修中，数显扭力扳手使用较为广泛，使用时，用手按住前端套筒，扳动手柄，并注意观察、读数，如图 1-6（b）所示。

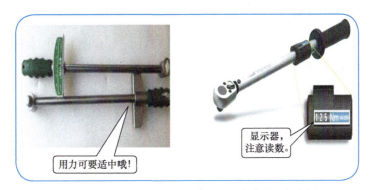

用力可要适中哦！

显示器，注意读数。

（a）普通扭力扳手　　　　　　　（b）数显扭力扳手

图 1-6　扭力扳手

5．棘轮扳手

棘轮扳手（见图 1-7）又称快速扳手，它与套筒扳手配合使用。一般用于狭窄地方，不改变扳手角度就可拆装螺栓和螺母。

使用时，用手按住棘轮扳手头部，调整好方向，另一只手扳动手柄即可，如图 1-8 所示。

我有方向哦！

图 1-7　棘轮扳手

图 1-8　棘轮扳手的使用

二、钳子

在汽车底盘维修中，常用鲤鱼钳和尖嘴钳。

1. 鲤鱼钳

鲤鱼钳（见图 1-9）主要用于夹持扁形或圆柱形金属零件，其最大的特点是钳口的开口宽度有两挡调节位置，可以夹持尺寸较大零件，刃口可用于切断金属丝。

使用时，要擦净钳子上的油污，以免工作时打滑；不能用钳子当作扳手拧螺栓和螺母。

2. 尖嘴钳

尖嘴钳（见图 1-10）主要用于剪切较细的单股或多股导线以及给单股导线接头弯圈、剥塑料绝缘层、夹取小零件等。它的头部是尖的，用于在狭小的地方夹持零件。

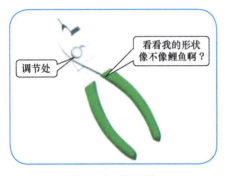

图 1-9　鲤鱼钳

图 1-10　尖嘴钳

使用时，应擦净钳上的油污，以免打滑；扭、断或弯小的物体时，应将其夹牢；不能用钳子当做锤子或撬棒；不可夹过热物件。

严禁使用钳子拆卸或拧紧螺母，钳子极易损坏螺母棱角。

三、螺丝刀

螺丝刀是用来拧紧或旋松带槽螺钉的工具。根据头部的形状不同，常见的螺丝刀有平口和梅花口两种，如图 1-11 所示。

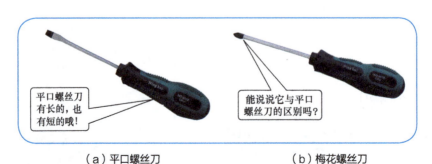

（a）平口螺丝刀　　　　　　　　　（b）梅花螺丝刀

图 1-11　螺丝刀

使用时，螺丝刀刃口端应平齐，并与螺钉槽宽度一致，让螺丝刀口与螺钉槽完全吻合，螺丝刀上无油污，螺丝刀中心线与螺钉中心线同心后，拧转起子，即可将螺钉拧紧或旋松，如图 1-12 所示。

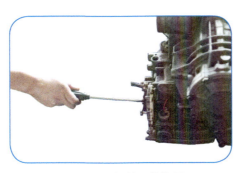

图 1-12　螺丝刀的使用

四、手锤

手锤由锤头和手柄组成，如图 1-13 所示。

手柄

在生活中经常使用吗？

锤头

图 1-13　手锤

注意，要根据各种不同需要选择使用手锤，使用中要时常检查锤头是否有松脱现象。操作手锤时，要紧握手柄尾部，手腕与手柄之间保持 90°，举起手锤对准打击面进行锤打，如图 1-14 所示。

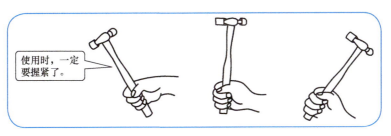

使用时，一定要握紧了。

图 1-14　手锤的使用

提示

应尽量避免用金属手锤直接击打零部件，否则应在零部件上垫上木块或铜棒后再用金属手锤敲击。

五、千斤顶

千斤顶有液压千斤顶、螺旋千斤顶和液压举升器。

汽车上经常使用液压千斤顶，常见的液压千斤顶类型有立式和卧式两种，如图1-15和图1-16所示。

图1-15　立式液压千斤顶

图1-16　卧式液压千斤顶

使用千斤顶前，把开关拧紧，用三角木垫好车轮；在松软路面上使用时，应在千斤顶下面加垫木块；放好千斤顶，对正被顶部位，用撬棍连续压手柄，将重物顶起，有时配合马凳一起使用。回落时，禁止在车下工作；将开关慢慢拧松，重物就慢慢下落。

六、减震器弹簧夹

减震器弹簧夹，如图1-17所示。使用时，应牢牢卡住弹簧两端，并将两弹簧夹对称放置，用扳手拧动螺杆即可。注意，两个弹簧夹要同步拧，如图1-18所示。

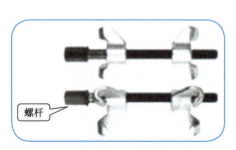

图1-17　弹簧夹

图1-18　弹簧夹的使用

七、拉马

拉马常用于拆卸轴承、皮带轮等，常见的有两爪式和三爪式两种，如图1-19所示。

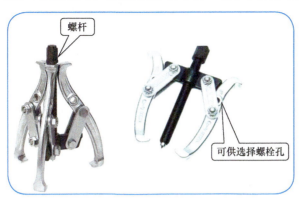

（a）三爪拉马　　　　　　　（b）两爪拉马

图 1-19　拉马

使用拉马时，先根据被拉件的尺寸大小选择合适的位置，保证拉马的爪固定不动，用扳手拧动螺杆即可，如图1-20所示。

图 1-20　拉马的使用

八、气动扳手

气动扳手（见图1-21）俗称风炮，用于拧紧或旋松螺栓和螺母的气动工具，如图1-22所示。一般压缩空气是其常见的动力源。

图 1-21　气动扳手

图 1-22　气动扳手的使用

九、整车举升机

整车举升机可作为汽车底盘部件拆装检修使用，有适合多种吨位的规格，如图1-23所示。

操作举升机的注意事项有下面几点。

① 待举升车辆驶入工位后，应将举升机支承块调整移动对正该车型规定的举升点。

② 支车时，四个支脚应在同一平面上，同时调整支脚胶垫高度使其接触车辆底盘支承部位。车辆不可支得过高，支起后四个托架要锁紧。

③ 举升时，人员应离开车辆，举升到需要高度时，再下降一段距离令其锁止，并确保安全可靠才可开始车底作业。

④ 支车时举升要稳，降落要慢。有人作业时严禁升降举升机。

⑤ 作业完毕后，应按 6S 标准清除杂物，打扫举升机周围以保持场地整洁。

图 1-23　整车举升机

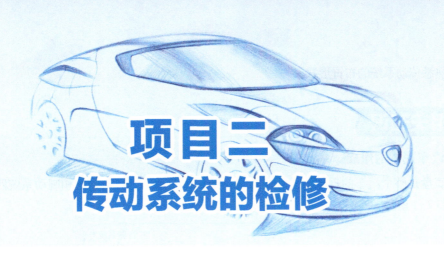

项目二
传动系统的检修

 项目引入

卡卡已经掌握了常用汽车维修工具的使用，周末又到了舅舅家的汽车修理厂。他发现一台车正常启动，挂上挡位，可是汽车就是无法前进。卡卡想了想，这个车发动机正常，有动力输出，后面轮子转动没问题，那问题只能出在汽车的动力传递上。卡卡断定："是底盘的传动系统出了问题，但具体是传动系统哪部分出了问题呢？"

要解决这个故障，我们必须先了解传动系统的工作原理及组成，然后在学习的过程中假设出现这种现状，维修人员应该怎么解决问题，并且如何有充分的依据告诉车主更换哪些零件，最后把问题解决。

言归正传："同学们，接下来我们学习汽车底盘传动系统的知识。"

任务一 传动系统的认知

学习目标

（1）了解传动系统的功用。

（2）了解传动系统的组成。

（3）熟悉传动系统的布置形式。

相关知识

一、汽车底盘的组成

汽车底盘是整个汽车的框架，一般由传动系统、行驶系统、转向系统和制动系统四部分组成，如图 2-1 所示。

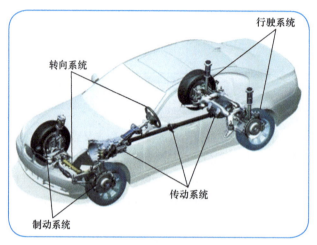

图 2-1　汽车底盘的组成

二、传动系统的功用与组成

1. 传动系统的功用

传动系统将发动机发出的动力按需求传给驱动轮，并实现减速增矩等功能。

2. 传动系统的类型

按结构和传动介质不同，传动系统分为机械式和液力机械式两种。

3. 传动系统的组成

以发动机前置后轮驱动的机械式传动系统为例，传动系统由离合器、变速器、万向传动装置和驱动桥组成，如图 2-2 所示。

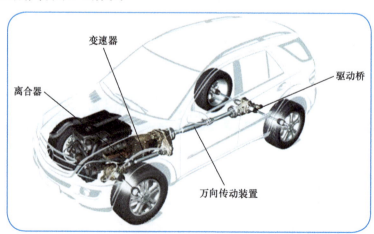

图 2-2　传动系统的组成

（1）离合器：按需要适时地切断或接合发动机与传动系统之间的动力传递。

（2）手动变速器：对输出的动力进行变速、变矩、变向以及切断动力传递。

（3）万向传动装置：由万向节和传动轴组成，适用相对位置不断变化的两轴间的传动。

（4）驱动桥：包括主减速器、差速器和半轴；将输入的动力降速增矩、改变传递方向并允许左右不等速后经半轴分配给左右驱动轮。

提示

本书中只介绍由离合器、手动变速器等组成的机械式传动系统。由变矩器、自动变速器等组成的液力机械式传动系统将在《汽车底盘电控系统检修》一书中单独讲解。

三、传动系统的布置形式

按照发动机与驱动桥的相对位置，汽车驱动形式可分为发动机前置后轮驱动、发动机前置前轮驱动、发动机后置后轮驱动、发动机中置后轮驱动和全轮驱动等。

（1）发动机前置后轮驱动（FR）。这是传统的布置形式，主要应用于货车、部分轿车以及客车上，如图2-3所示。

图2-3　前置后驱

（2）发动机前置前轮驱动（FF）。这种布置形式主要在轿车上应用，具有结构紧凑、减小轿车的质量、改善高速时的操纵稳定性等优点，如图2-4所示。

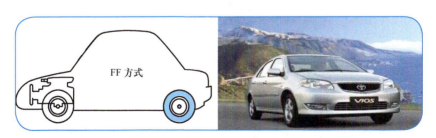

图2-4　前置前驱

（3）发动机后置后轮驱动（RR）。这是目前大、中型客车盛行的布置形式，具有降低室内噪声、有利于车身内部布置等优点，如图2-5所示。

（4）发动机中置后轮驱动（MR）。目前普遍应用在赛车上，部分大、中型客车也有采用，如图2-6所示。

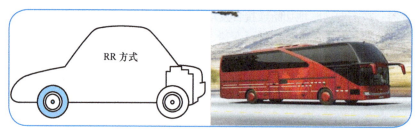

图 2-5　后置后驱

图 2-6　中置后驱

（5）全轮驱动（nWD）。这种布置形式有多个驱动桥，在变速器后加了一个分动器，主要应用于越野车、特种车和军用车辆上，如图 2-7 所示。

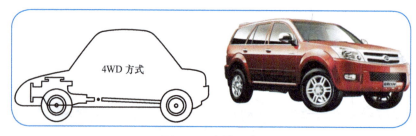

图 2-7　全轮驱动

四轮驱动

任务二　离合器的检修与更换

 **学习目标**

（1）熟悉离合器的功用、结构和原理。

（2）掌握离合器三件套的更换方法。

（3）掌握离合器检修的内容和方法。

相关知识

一、离合器的功用与布置

1. 离合器的功用

离合器可按需要适时地切断或接合发动机与传动系之间的动力传递。

2. 离合器的布置

离合器位于发动机与变速器之间，安装于变速箱前盖内。离合器踏板位于驾驶室最左侧，如图2-8所示。

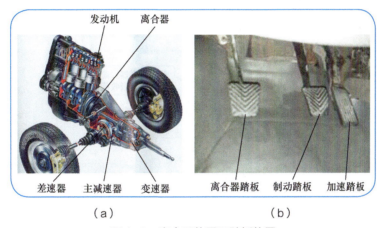

（a）　　　　　　　　　　　（b）

图2-8　离合器位置及踏板位置

二、离合器的组成与工作原理

1. 离合器的组成

离合器主要由主动部分、从动部分、压紧装置和操纵机构四部分组成，如图2-9所示。

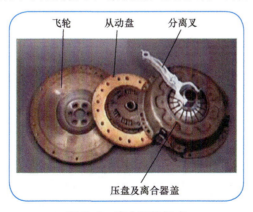

图2-9　离合器的组成

（1）主动部分：包括飞轮、离合器盖、压盘等机件组成，这部分与发动机曲轴连在一起。离合器盖与飞轮靠螺栓连接，压盘与离合器盖之间是靠3～4个传动片传递转矩的，如图2-10所示。

（2）从动部分：由单片或双片从动盘组成，摩擦力由从动盘正反两面的摩擦片产生，摩擦片通过铆钉铆接于从动盘钢片上；它将主动部分通过摩擦传来的动力经花键传给变速器的输入轴。

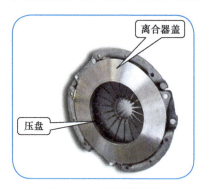

图2-10　离合器压盘

为了避免转动方向的震动，缓和传动系受到的冲击载荷，大多数汽车都在离合器的从动盘上附装有扭转减震弹簧，也称为扭转减震器，如图2-11所示。

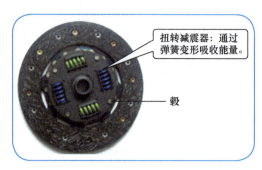

图2-11　离合器从动盘

提示

从动盘在安装时需要分清正反面，长毂对变速器，短毂对飞轮。

（3）压紧装置：主要有螺旋弹簧和膜片弹簧两种形式，螺旋弹簧用于多簧式离合器上。压紧装置将压盘压向飞轮，从而将处于飞轮和压盘中间的从动盘压紧，如图2-12所示。

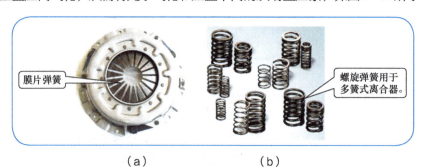

（a）　　　　　　　（b）

图2-12　离合器弹簧

（4）操纵机构：一般由踏板、主缸、油壶、工作缸、管路、分离拨叉、分离轴承、分离杠杆等组成。通过操纵机构可对离合器进行接合与分离的控制，如图 2-13 所示。

分离拨叉

分离轴承

分离杠杆，用于多簧式离合器。

（a）　　　　　　　（b）　　　　　　　（c）

图 2-13　离合器操纵机构零件

2. 离合器的工作原理

（1）接合状态：如图 2-14 所示，汽车在行驶过程中，脚不踩踏板，在压紧弹簧的作用下压盘将从动盘紧紧地压在飞轮上，通过摩擦力将发动机转矩传给变速器。

汽车在行驶中离合器始终处于接合。

图 2-14　汽车行驶中

（2）分离过程：脚踩下离合器踏板，拉杆拉动分离拨叉下端向右移动，促使上端向左移动，消除分离拨叉与分离轴承之间的间隙后推动分离轴承压缩分离杠杆，使分离杠杆拉动压盘向后移动，解除对从动盘的压力。此时离合器主动、从动部分处于分离状态而切断动力的传递，如图 2-15 所示。

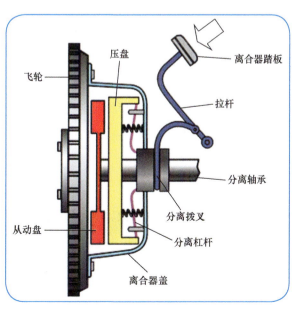

压盘

飞轮

离合器踏板

拉杆

分离轴承

分离拨叉

分离杠杆

从动盘

离合器盖

图 2-15　离合器分离过程

（3）接合过程：抬起离合器踏板，在各回位弹簧和压紧弹簧的作用下，踏板、分离拨叉和分离轴承等均回位到接合状态的位置，动力传递恢复，如图 2-16 所示。

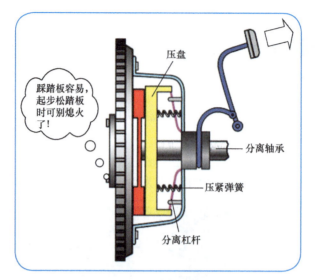

图 2-16　离合器接合状态

把离合器的组成分成四大部分去理解和记忆就很容易了，然后理解两条动力传递路线：一条是从飞轮到变速器输入轴，另一条是从踏板到分离杠杆。

三、离合器踏板自由行程

1. 离合器踏板自由行程的定义

（1）离合器自由间隙：离合器接合状态下，分离轴承与分离杠杆之间预留的间隙称为离合器自由间隙，如图 2-17 所示。

（2）离合器踏板自由行程：消除自由间隙，克服操纵机构杆件的弹性变形所需的踏板行程称为离合器踏板自由行程。

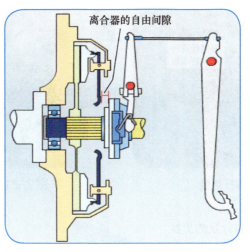

图 2-17 离合器自由间隙

2. 离合器踏板自由行程的作用

离合器踏板自由行程主要用于防止从动盘磨损变薄后分离杠杆外端不能后移而导致离合器打滑。

3. 离合器踏板自由行程的危害

离合器踏板自由行程过大易导致离合器分离不彻底,无自由行程则易导致离合器打滑。

 任务实施

操作一　离合器踏板自由行程的调整

步骤一:关闭发动机,用手按压离合器踏板并在感到有阻力时测量踏板下降距离,如图 2-18 所示。

步骤二:如果离合器踏板自由行程不符合,则先松开离合踏板与离合泵连接顶杆上的锁止螺母,如图 2-19 所示。

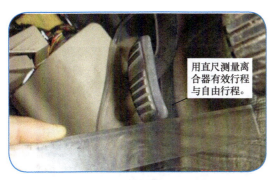

图 2-18　测量踏板下降距离

图 2-19　松开踏板与泵连接螺母

步骤三:调整螺杆长度。螺杆收短,则离合踏板行程变短,反之则变长,如图 2-20 所示。

步骤四:试验位置合适与否要以试车为准,记住一定要锁紧迫紧螺母,如图 2-21 所示。

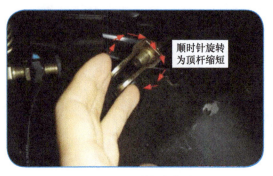

图 2-20 调整螺杆长度

图 2-21 要锁紧迫紧螺母

操作二 离合器总泵与分泵的更换

步骤一：事前准备。

① 车辆进入工位前，参训学生将工位清理干净，排除障碍物，准备好相关工具、物品等，如图 2-22 所示。

② 将车辆停驻在举升机平台并调整举升机举升位置，如图 2-23 所示。

图 2-22 清理工位

图 2-23 调整举升机举升位置

③ 拉紧驻车制动器，并将变速器置于空挡位置，如图 2-24 所示。

④ 打开发动机舱盖并可靠支撑，如图 2-25 所示。

图 2-24 拉紧驻车制动器

图 2-25 支撑发动机舱盖

⑤ 安装保护装置，如图 2-26 和图 2-27 所示。

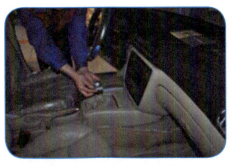

图 2-26　安装保护装置（1）　　　　图 2-27　安装保护装置（2）

步骤二：离合器总泵的拆装。

① 拧松主动缸的出油管道并封闭，如图 2-28 所示。

② 拆卸离合器总泵轴销使主动缸与离合器踏板分开，如图 2-29 所示。

图 2-28　拧松主动缸的出油管道　　　图 2-29　拆卸离合器总泵轴销

③ 向外拧松主动缸的螺钉，拆下总泵，如图 2-30 所示。

步骤三：离合器分泵的拆装。

① 拆卸离合器分泵的油管并密封。

② 拆卸固定螺栓及固定支架，如图 2-31 所示。

图 2-30　拆下总泵　　　　　　　　图 2-31　拆卸分泵

步骤四：装配按相反顺序进行。

按相反的顺序进行安装，安装时应注意以下几点。

① 把回流软管装至储液容器上并且按到底。

② 更换总泵、分泵后对离合器装置进行排气。

操作三　液压式离合器放空气

步骤一：先向制动油壶里添加制动油至 MAX 刻线处，如图 2-32 所示。

步骤二：一个人连续踩离合器踏板 5～10 次后，踩住离合器踏板不放松，如图 2-33 所示。

图 2-32　油壶及 MAX 刻线

图 2-33　连续踩离合器踏板

步骤三：另一人迅速松开放气螺栓，待油液喷出后再迅速拧紧，如图 2-34 和图 2-35 所示。

图 2-34　松开放气螺栓

图 2-35　放气螺栓有油液流出

步骤四：重复步骤二和步骤三，直到离合器踏板有力且离合器工作正常为止。

步骤五：检查制动总泵液面高度和离合器液压系统是否有泄漏。

离合器总泵与分泵的更换

提示　注意在放离合器油的过程中一定不许制动总泵的储油罐缺油，否则前功尽弃。

实操任务单

离合器总泵与分泵的更换作业工单

维修班组：_____ 维修技师甲：_____ 维修技师乙：_____ 质检员：_____

整车型号	
车辆识别代码	
发动机型号	

任务	作业记录内容	备注
一、前期准备	安装三件套、翼子板布和前格栅布。□ 工具准备。□ 设备准备。□	环车检查车身状况
二、安全检查	安装车轮挡块。□ 检查制动油、驻车制动器及挡位。□ 现场安全确认。□	
三、工具的选用、使用、摆放	工具使用规范（型号、用力方向、力矩、摆放整齐）： _____ _____	
四、总泵的更换	拆卸步骤：_____ 检查结果：_____ 组装前接触面涂抹制动液。□ 总泵安装方法：_____ 按标准拧紧连接螺栓力矩：_____N·m。 检查制动液液面高度。□	
五、分泵的更换	放油。□ 拆卸步骤：_____ 检查结果：_____ 组装前在接触面涂抹制动液。□ 将分泵安装到变速器上的方法：_____ 拧紧连接螺栓力矩：_____N·m。	
六、系统排放空气	检查液面高度。□ 放空气方法：_____ 制动液不溅落地面及车辆上。□ 空气完全排尽。□ 检查自由行程。□	
七、6S 管理规范	6S（整理、整顿、清扫、清洁、安全、素养），无安全隐患出现，做到文明作业。□	作业完成

工单记录员：_____ 车间主任：_____

客户签字：_____ 维修时间：_____

项目二 传动系统的检修

操作四　离合器三件套更换

在汽车使用一定里程数后，需要更换离合器从动盘、压盘和分离轴承，俗称离合器三件套（见图2-36），一般整套更换。离合器三件套的更换周期因车、因人使用不同差别较大。一般可每次保养时从外部检查是否需要更换。

步骤一：事前准备。

离合器三件套更换的准备工作可参考操作二离合器总泵与分泵的更换中的准备工作。

步骤二：拆卸相关附件。

依次拆卸左右前车轮、断掉蓄电池负极，拆卸蓄电池、空气滤清器、倒挡开关线束接头及里程表传感器线束接头、换挡拉线、离合器分泵，如图2-37～图2-40所示。

图2-36　离合器三件套

图2-37　拆卸左右前车轮

图2-38　断掉蓄电池负极

图2-39　拆换挡拉线

图2-40　拆离合器分泵

步骤三：整车拆卸变速箱。

① 拆下横拉杆球头螺母、下摆臂、撬棍撬出左右半轴，如图2-41～图2-44所示。

图 2-41　拆下横拉杆球头螺母

图 2-42　拆下下摆臂

图 2-43　撬棍撬出左半轴

图 2-44　撬棍撬出右半轴

②　拆下起动机螺栓及变速器与发动机连接螺栓，如图 2-45 所示。顶起变速器，拆卸变速器支脚螺栓，取下支脚并拆下变速器支架，如图 2-46 所示。

图 2-45　拆变速器与发动机连接螺栓

图 2-46　取下支脚并拆下变速器支架

③　拆卸元宝梁，如图 2-47 所示。将变速器与发动机分离并取下变速器，如图 2-48 所示。然后，取下分离轴承。

步骤四：拆卸离合器压盘及从动盘。

①　用记号笔做好标记（保持原有的动平衡），如图 2-49 所示。

图 2-47　拆卸元宝梁

图 2-48　取下变速器

② 按对角线方向拧松离合器与飞轮的连接螺栓，拆卸离合器压盘，取下离合器片，如图 2-50 所示。

图 2-49　做标记

图 2-50　拆卸离合器压盘，取下离合器片

步骤五：离合器三件套的组装。

① 分别对离合器内输入轴导向轴承和分离轴承进行清理及润滑，如图 2-51 所示。

② 砂纸磨光飞轮、离合器压盘及从动盘表面，如图 2-52 所示。

图 2-51　润滑分离轴承

图 2-52　砂纸打磨从动盘表面

③ 从动盘长毂朝向压盘，与标记一起装到飞轮上，如图 2-53 和图 2-54 所示。

图 2-53　从动盘长毂

图 2-54　装配离合器盖总成

④ 将工具从离合器从动盘毂中间插入导向轴承内，确保离合器压盘、从动盘、飞轮和变速器输入轴三者同心，完成离合器三件套的组装，如图 2-55 和图 2-56 所示。

图 2-55　定心

图 2-56　安装

步骤六：安装变速器到发动机。

① 将装好的分离轴承举升到合适位置，如图 2-57 和图 2-58 所示。

图 2-57　变速器放到举升托架上

图 2-58　举升到合适位置

② 拧紧变速器和发动机连接螺栓，如图 2-59 和图 2-60 所示。

③ 依次安装变速器操纵杆、半轴、变速器支承座、离合器分泵等附件，如图 2-61～图 2-64 所示。

图2-59　变速器插入离合器内

图2-60　变速器和发动机连接

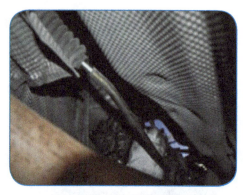

图2-61　安装变速器操纵杆

图2-62　安装半轴

图2-63　安装变速器支承座

图2-64　安装离合器分泵

④ 安装电瓶、车轮等，完毕后，应检查变速器油并调整换挡操纵机构。

提示

离合器维护因工时费占大部分费用，故一般不单独更换离合器片或压盘，而是直接更换离合器三件套。

操作五　离合器典型故障排除

离合器典型故障包括离合器打滑、分离不彻底、发抖和异响几类，但诊断步骤大致相同，因此排除过程就不再重复介绍。

故障一：离合器打滑

（1）故障现象。汽车用低速挡起步时，松开离合器踏板后，汽车不能灵敏起步或起步困难。汽车加速行驶时，车速不能随发动机转速的提高而提高，感到加速无力，严重时产生焦臭味或冒烟等现象。

（2）故障排除步骤如下。

① 检查离合器踏板自由行程，如果不符合规定应予以调整

② 自由行程若正常，则拆下变速器壳，检查离合器与飞轮连接螺栓是否松动

③ 检查离合器压盘，轻微磨损

④ 检查分离轴承，正常

⑤ 检查离合器从动盘，发现磨损异常，达到极限需更换

⑥ 更换离合器三件套，试车情况良好，故障排除

（3）离合器打滑故障其他原因及检修方法如表 2-1 所示。

表 2-1　　　　　　　　　　　　　离合器打滑故障其他原因及检修方法

故障原因	检查方法	修理方法
离合器自由行程不当	脚踩判断	调整
离合器盖与飞轮紧固螺栓不紧	拧转判断	修理
离合器压盘损坏	手摸及直观判断	更换
分离轴承卡滞	转动判断	更换

离合器三件套的更换

故障二：离合器分离不彻底

故障现象：

发动机怠速运转时，踩下离合器踏板，挂挡有齿轮撞击声，且难以挂入；如果勉强挂上挡，则在离合器踏板尚未完全放松时，发动机熄火。

故障原因及修理方法：

① 离合器踏板自由行程过大。

修理方法：调整。

② 分离杠杆弯曲变形、分离杠杆调整不当。

修理方法：更换。

③ 从动盘钢片翘曲、摩擦片破裂或铆钉松动。

修理方法：更换。

④ 离合器液压操纵机构漏油、有空气或油量不足。

修理方法：检查、排除。

故障三：离合器异响

故障现象：

离合器分离或接合时发出不正常的响声。

故障原因及修理方法：

① 分离轴承缺少润滑剂，造成干磨或轴承损坏。

修理方法：更换。

② 从动盘花键孔与其花键轴配合松旷。

修理方法：更换。

③ 从动盘减震弹簧退火、疲劳或折断。

修理方法：更换。

28

故障四：起步发抖

故障现象：

汽车用低速挡起步时，按操作规程逐渐放松离合器踏板并徐徐踩下加速踏板，离合器不能平稳接合且产生抖振，严重时甚至整车产生抖振现象。

故障原因及修理方法：

① 分离杠杆内端高度不处在同一平面内。

修理方法：调整

② 从动盘或压盘翘曲变形，飞轮工作端面的端面圆跳动严重。

修理方法：更换。

实操任务单

离合器三件套更换作业工单			
维修班组：_____ 维修技师甲：_____ 维修技师乙：_____ 质检员：_____			
整车型号			
车辆识别代码			
发动机型号			
任务	作业记录内容		备注
一、前期准备	安装三件套、翼子板布和前格栅布。□ 工具准备。□ 设备准备。□		环车检查车身状况
二、安全检查	安装车轮挡块。□ 检查齿轮油、驻车制动器及挡位。□ 现场安全确认。□		
三、标准参数	半轴螺栓力矩多大？ _____ 变速器壳体与发动机连接螺栓力矩多大？ _____ 起动机固定螺丝力矩多大？ _____ 里程表传感器螺栓力矩多大？ _____ 压盘的固定螺栓力矩多大？ _____		
四、工具的选用、使用、摆放	工具使用规范（型号、用力方向、力矩、摆放整齐）： _____ _____		
五、整车拆解变速器	断开蓄电池负极。□ 将传感器、离合器分泵、起动机等拆下并固定。□ 拆卸步骤：_____ _____		

任务	作业记录内容	备注
六、离合器拆解	做装配标记。□ 连接螺栓拆卸方法：_____ _____	
七、离合器检修	检修项目：_____ _____ 检修结果：_____ _____	
八、离合器组装	从动盘正反？_____。 新换三件套进行动平衡检测。□ 清洁摩擦表面。□ 定心（确保动平衡）。□ 按标记组装。□ 连接螺栓按规定力矩对角均匀拧紧。规定力矩：____N·m。 分离轴承事先检查润滑。□	
九、变速器整车组装	安装顺序：_____ _____ 传感器、零部件安装。□ 组装完毕检查离合器。□	
十、6S 管理规范	6S（整理、整顿、清扫、清洁、安全、素养），无安全隐患出现，做到文明作业。□	作业完成
	工单记录员：_____ 车间主任：_____ 客 户 签 字：_____ 维修时间：_____	

任务三　手动变速器的检修

 学习目标

（1）熟悉变速器各挡位动力传递线路。
（2）熟悉摩擦式同步器的基本原理。
（3）了解变速器锁止装置的结构与作用。

 相关知识

一、手动变速器的认知

1. 手动变速器的功用

汽车行驶的道路条件非常复杂，要求转矩和转速能够较大范围地变化且需要汽车能够倒向行驶，为此传动系中设有变速器，其功用如下。

（1）变速变矩（前进挡）。

（2）倒车行驶（倒挡）。

（3）中断动力传递（空挡）。

2. 手动变换器的位置

变速箱与发动机直接相连，变速器置于发动机后，如图2-65所示。换挡杆通常在驾驶员右侧（俗称：地挡），如图2-66所示。少数车辆也有在转向盘右下方（俗称：怀挡），如图2-67所示。

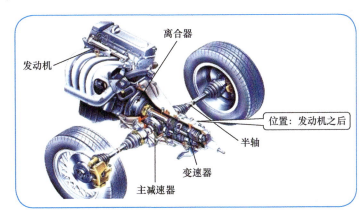

图2-65 变速器的位置

图2-66 换挡杆位置（地挡）

图2-67 换挡杆位置（怀挡）

3. 手动变速器的分类

手动变速器按工作轴的数量不同分为三轴式和两轴式两种，如图2-68和图2-69所示。

图2-68 三轴式手动变速器

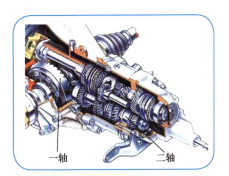

图2-69 两轴式手动变速器

4. 手动变速器的基本原理

手动变速器主要采用斜齿圆柱齿轮传动，其具有啮合平稳、冲击小、噪声小、承载能力大、不易根切等特点；有些一挡和倒挡齿轮仍然采用直齿圆柱齿轮。

（1）变速和变矩原理。一对齿数不同的齿轮啮合传动时，若小齿轮为主动齿轮带动大齿轮转动时，则输出转速降低，转矩增加；若大齿轮驱动小齿轮时，则输出转速升高，转矩降低。

变速和变矩的程度通常用传动比（i）表示，传动比是主动齿轮转速与从动齿轮转速之比，也等于其齿数的反比，如图 2-70 所示。

（2）换挡原理。

① 降速挡：转矩大、转速小，传动比大于 1 且传动比越大挡位越低。

② 直接挡：转矩、转速不变，传动比等于 1。

③ 超速挡：转矩小、转速大，传动比小于 1。

（3）变向原理。外啮合齿轮传动的特点是每出现一次啮合，其从动齿轮转向改变一次。在原先前进挡的基础上加一个惰轮（倒挡齿轮）就能使输出轴齿轮转向改变 180°，进而实现汽车倒向行驶，如图 2-71 所示。

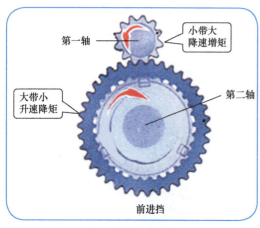

图 2-70　变速、变矩原理　　　　　　图 2-71　倒挡原理

二、手动变速传动机构

1. 三轴式手动变速器

三轴式手动变速器主要由输入轴、中间轴和输出轴组成，另外还有倒挡轴、变速器壳体、油封等附属件，如图 2-72 和图 2-73 所示。

图 2-72　三轴式手动变速器外壳

① 输入轴：前端通过轴承支撑在曲轴后端孔中，花键部分装离合器从动盘；后部有常啮合齿轮、直接挡齿圈及支承轴承，如图 2-74 所示。

图 2-73　三轴式手动变速器结构图　　　　图 2-74　输入轴总成

　　② 中间轴：有常啮合齿轮、各挡主动齿轮及支承轴承，如图 2-75 所示。

　　③ 输出轴：前端用轴承支承在第一轴后端，其上有各挡从动齿轮和齿圈、同步器及衬套，如图 2-76 所示。

像不像宝塔，修理厂亦称宝塔齿。

图 2-75　中间轴总成　　　　　　　　　图 2-76　输出轴总成

提示

各轴上的齿轮大小都有规律哦！就像我们按高矮个站队一样的。找到了规律学习起来就容易了！

2. 两轴式手动变速器

　　两轴式手动变速器又分为适用于发动机横置式和适用于发动机纵置式两种，主要由输入轴和输出轴组成，无中间轴，如图 2-77 所示。

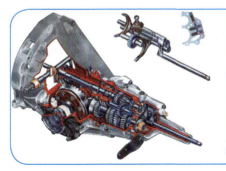

（a）发动机纵置式变速器　　　　　　（b）发动机横置式变速器

图 2-77　两轴式手动变速器

　　输入轴主要由四挡齿轮及齿圈，三、四挡同步器，三挡齿轮及齿圈，二挡齿轮，倒挡齿轮，一挡齿轮，五挡齿轮及齿圈，五挡同步器等组成，如图 2-78 所示。

适用于发动机纵置！

图2-78　输入轴总成

输出轴主要由五挡齿轮，一挡齿轮及齿圈，一、二挡同步器，二挡齿轮及齿圈，三挡齿轮，四挡齿轮等组成，如图2-79所示。

图2-79　输出轴总成

3. 摩擦式惯性同步器

同步器的作用是使接合套与待啮合的齿圈迅速同步，缩短换挡时间，防止在同步前就啮合而产生打齿现象。轿车和轻、中型货车的变速器广泛采用锁环式同步器，如图2-80所示。

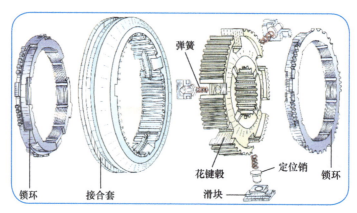

弹簧

花键毂　　定位销　　锁环

锁环　　接合套　　滑块

图2-80　锁环式同步器分解图

锁环的倒角与接合套、齿圈倒角相同，保证未同步之前阻止进入啮合。其内锥面上有螺纹槽，以便锁环内锥面与齿圈外锥面接触后，破坏油膜，增大摩擦力，如图2-81所示。

螺纹槽

锁止倒角

图2-81　同步环及滑块

同步器随轴一起旋转，故属于旋转件，因此装配时需要考虑其动平衡。带卡簧的锁环式同步器在安装时，卡簧的缺口需对称成 180°，如图 2-82 所示。

图 2-82　带卡簧的锁环式同步器

中型及大型载货汽车变速器目前较普遍地采用锁销式同步器，如图 2-83 所示。

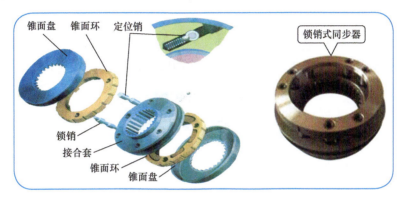

图 2-83　锁销式同步器

三、变速操纵机构

1. 变速操纵机构的类型

变速操纵机构一般有直接操纵式和远距离操纵式两种，如图 2-84 所示。

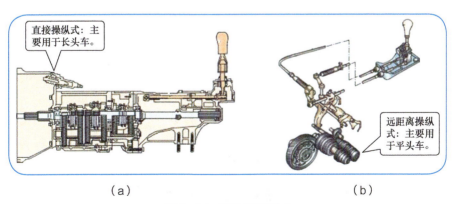

（a）　　　　　　　　　　　　　　（b）

图 2-84　两种操纵形式

2. 变速操纵机构的结构

变速操纵机构由换挡拨叉机构和定位锁止机构组成。

（1）换挡拨叉机构。换挡拨叉机构使变速杆绕其中部球形支点摆动，其下端推动叉形拨杆绕换挡轴转动，从而将叉形拨杆下端球头对准所选挡位相应的拨块凹槽，然后通过变速杆摆动，带动拨叉轴拨叉向前或向后移动，从而实现挂挡，如图 2-85 所示。

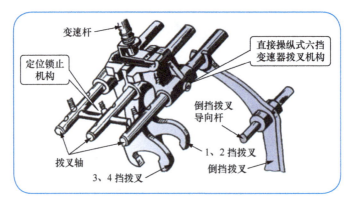

图 2-85　换挡拨叉机构

（2）定位锁止机构。

① 自锁装置。自锁装置主要用于防止变速器自动换挡和自动脱挡。它由自锁钢球和自锁弹簧组成，每根拨叉轴的上表面沿轴向分布有三个凹槽，中间凹槽定位空挡，如图 2-86 所示。

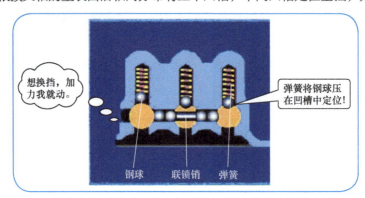

图 2-86　自锁装置

② 互锁装置。互锁装置主要用于保证变速器不会同时挂入两个挡位。它由互锁钢球和互锁销组成，若某一拨叉轴被移动而在挡位上时，另两个拨叉轴便被互锁装置固定在空挡位置而不能再做轴向移动。两个钢球直径之和（一个互锁销的长度）等于相邻两拨叉轴圆柱表面之间的距离加上一个凹槽的深度。中间拨叉轴上两个侧面之间有通孔，孔中有一根横向移动的顶销，顶销的长度等于拨叉轴的直径减去一个凹槽的深度，如图 2-87 所示。

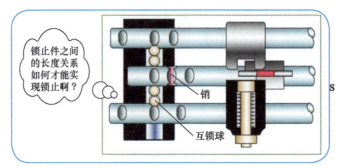

图 2-87　互锁装置

③ 倒挡锁。倒挡锁主要用于防止误挂入倒挡。它由倒挡锁销和倒挡锁弹簧组成，驾驶员要挂倒挡时，必须用较大的力使变速杆的下端压缩倒挡弹簧，将倒挡锁销推入，才能使变速杆下端进入倒挡拨块的凹槽内，以拨动一、倒挡拨叉轴而推入倒挡，如图 2-88 所示。

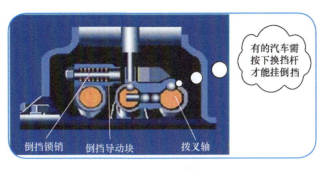

有的汽车需按下换挡杆才能挂倒挡

倒挡锁销　　倒挡导动块　　拨叉轴

图 2-88　倒挡锁

思考

① 为什么手动挡汽车倒挡普遍都比较难挂？
② 定位（锁止）装置在实际维修中怎样去检查其好坏？是不是都需要拆开看看？

四、变速器齿轮油

1. 变速器齿轮油的作用和润滑方式

（1）变速器齿轮油的作用。

① 降低齿轮及其他运动部件的磨损，延长齿轮寿命。

② 降低摩擦，减少功率损失。

③ 起一定的冷却作用。

④ 防止腐蚀和生锈。

⑤ 降低工作噪声、减少震动及齿轮间的冲击作用。

⑥ 冲洗污物，特别是冲去齿面间污物，减轻磨损。

（2）变速器齿轮油的润滑方式：飞溅润滑。

2. 变速器油的选用

变速器油也叫齿轮油（见图 2-89），比机油具有更大的黏稠度。一般选用标号为 75W/90～85W/90 等，如表 2-2 所示。

图 2-89　齿轮油

表 2-2　　　　　　　　　　　　　　　我国汽车齿轮油的黏度分类

黏度牌号	达到 150Pa·s 的最高温度 /℃	100℃时运动黏度 /mm²·s	
		最低	最高
70W	−55	4.1	—
75W	−40	4.1	—
80w	−26	7.0	—
85w	−12	11.0	—
90	—	13.5	24.0
140	—	24.0	41.0
250	—	41.0	—

 任务实施

操作一　变速器齿轮油的更换

变速器齿轮油需定期更换，一般在 4 万～6 万公里（或 2 年，先到者为标准）时进行更换。

步骤一：事前准备。

变速器齿轮油的更换的准备工作参考任务二中操作二离合器总泵与分泵的更换中的准备工作。

步骤二：放油。

① 检查变速器有无漏油现象（若变速器出现漏油，应先处理漏油情况而后换油）。

② 拆卸变速器加油螺栓，后拧松放油螺栓进行放油，如图 2-90 和图 2-91 所示。

图 2-90　拆加油螺栓

图 2-91　拆放油螺栓

③ 待齿轮油放干净后，用标准力矩拧紧放油螺栓（放油螺栓有磁性，可能吸附有变速器内部杂质、铁屑等，须先清洗干净）。

提示

① 用油盘接油，不允许废油落地。

② 先拆加油螺栓后拆放油螺栓便于更好地放干净变速器内的齿轮油。

步骤三：加油。

① 用手动变速器加油工具从加注口压入齿轮油，油液到达注入口平面为满，即直到油位正好低于加注塞开口为止，如图2-92所示。

（a）加注口　　　　　　　　　　（b）压入齿轮油

（c）手动变速器加油机　　　　　　　　（d）加油

图2-92　用手动变速器加油机加注齿轮油

② 安装加油螺栓，并将放油、加油螺栓紧固到位。

③ 起动车辆运行发动机，变换挡位几次，检查变速器油是否渗漏。

④ 再次举升车辆，拆卸加油螺栓，手指放入加油口，必须能摸到油位；如果不够要添加，直到溢出为止。

⑤ 按标准力矩拧加油螺栓。

提示

① 加油口、放油口螺栓与变速器其他螺栓有明显区别，操作时注意不要拧错。

② 冬天变速器油非常黏，运转几分钟后再打开加注口检查液面，避免加注过多油液从通气孔溢出。

变速器齿轮油的更换

操作二　变速器典型故障的排除

手动变速器典型故障有漏油和脱挡两大类，下面分别叙述诊断过程。

故障一：变速器漏油

（1）故障现象。

① 变速器漏油，变速器、底盘充满变速器油污。

② 离合器打滑，拆下离合器，从动盘有油污。

（2）故障排除步骤如下。

① 先确认渗漏的是变速器油还是机油。变速器油黏黄、机油稀黑

② 将外部油污清洗干净，车辆运行一段时间后确定渗漏部位为变速器与发动机接缝处

③ 将变速器与发动机分离后，发现变速器一轴油封漏油

④ 放净变速器油后分解变速器，更换一轴油封

⑤ 重新安装变速器到车上，紧固到位。加注变速器油

⑥ 更换完毕，试车检查情况良好，故障排除

（3）变速器漏油故障其他原因及检修方法如表 2-3 所示。

表 2-3　　　　　　　　　　　变速器漏油故障其他原因及检修方法

故障原因	检查方法	修理方法
变速器壳体接缝密封不严	观察	拆装，重新涂抹密封胶
变速器后端盖密封不严	观察	拆装，重新涂抹密封胶
从通气孔溢出	观察	放油到标准位置，清洁通气孔
放油螺栓、倒挡开关、倒挡轴紧固螺母漏油	观察	更换

提示　漏油是变速器最常见的故障，操作前应先询问客户是否要求更换，换下来的旧齿轮油需收集起来重新利用，避免浪费。

故障二：变速器脱挡

（1）故障现象。汽车在加速、减速或爬坡时，变速杆自动跳回空挡位置。

（2）故障排除步骤如下。

① 先走车到正常温度，然后用不断加速、减速的方法，确定脱挡挡位

② 挂上脱挡挡位，发动机熄火，分解变速器

③ 观察脱挡齿轮情况，确定故障点

④ 检查自锁装置，发现异常

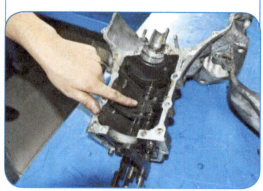

⑤ 修理异常的自锁功能后，将变速器安装到车上

⑥ 更换完毕，试车检查情况良好，故障排除

（3）变速器脱挡故障其他原因及检修方法如表2-4所示。

表2-4　　　　　　　　　　　变速器脱挡故障其他原因及检修方法

故障原因	检查方法	修理方法
自动装置的钢球未进入凹槽内或挂入挡后齿轮未达到全齿长啮合	拆检	拆装，调整
自锁装置的钢球或凹槽磨损严重，自锁弹簧疲劳过软或折断	拆检	拆装，调整
齿轮磨损异常	拆检	拆装，调整
齿轮轴向或径向间隙过大	拆检	

操作三　变速器其他故障的排除

（1）乱挡。

故障现象：

在离合器工作正常的情况下，变速器同时挂上两个挡或挂需要挡位时，结果挂入了别的挡位。

故障原因：

① 互相装置失效，例如，拨叉轴、顶销或钢球磨损过大等。

② 变速杆下端弧形工作磨损过大或拨叉轴上导块的导槽磨损过大。

③ 变速杆球头定位销折断或球孔、球头磨损过于松旷。

（2）挂挡困难。

故障现象：

离合器技术状况良好，且变速器操纵机构工作正常，但挂挡困难。

故障原因：

同步器故障。

（3）变速器异响。

故障现象：

变速器发响是指变速器工作时发出的不均匀的碰撞声。由于变速器内相对运动的机件较多，故发出不均匀的响声也较复杂。

故障原因：

① 齿轮发响的原因：齿轮磨损过大变薄，间隙过大，运转中有冲击；齿面啮合不良，例如，修理时没有成对更换齿轮；齿面有金属疲劳剥落或个别齿损坏折断；齿轮与轴上的花键配合松旷，或齿轮的轴向间隙过大；轴弯曲或轴承松旷引起齿轮啮合间隙改变。

② 轴承响的原因：轴承磨损严重；轴承内（外）座圈与轴颈（孔）配合松动；轴承滚珠碎裂或有烧蚀麻点。

③ 其他发响的原因：变速器内缺油，润滑油过稀、过稠或质量变坏；变速器内掉入异物；某些紧固螺栓松动；里程表软轴或里程齿轮发响等。

思考　汽车挂挡困难具体有哪些原因？怎么检查？

实操任务单

变速器齿轮油更换作业工单			
维修班组：_____　维修技师甲：_____　维修技师乙：_____　质检员：_____			
整车型号			
车辆识别代码			
发动机型号			
任务	作业记录内容		备注
一、前期准备	安装三件套、翼子板布和前格栅布。□ 工具准备（抽油机、齿轮油等）。□		环车检查车身状况

任务	作业记录内容	备注
二、安全检查	检查驻车制动器及挡位。□ 安全使用举升机。□ 现场安全确认。□	
三、变速器齿轮油检查	液面高度：＿＿＿＿＿＿＿＿＿＿＿＿＿ 颜色：＿＿＿＿＿＿＿＿＿＿＿＿＿＿ 气味：＿＿＿＿＿＿＿＿＿＿＿＿＿＿ 黏度：＿＿＿＿＿＿＿＿＿＿＿＿＿＿	
四、齿轮油排放	现场 6S 管理。□ 放油螺栓清洁。□	
五、齿轮油加注	加油油量标准：＿＿＿＿＿＿＿＿＿＿＿ 加油螺栓力矩：＿＿＿＿＿＿＿＿N·m。 放油螺栓力矩：＿＿＿＿＿＿＿＿N·m。 齿轮油标号：＿＿＿＿＿＿＿＿＿＿＿	
六、竣工检查	6S（整理、整顿、清扫、清洁、安全、素养），无安全隐患出现，做到文明作业。□	
	工单记录员：＿＿＿＿＿车间主任：＿＿＿＿＿ 客户签字：＿＿＿＿＿维修时间：＿＿＿＿＿	

任务四　万向传动装置的检修

 学习目标

（1）了解万向传动装置的应用。
（2）熟悉万向节的类型及结构。
（3）了解万向传动装置的动平衡。

 相关知识

一、万向传动装置的认知

万向传动装置（见图 2-93）适用于相对位置或角度经常变化的两转轴之间的传动。
万向传动装置主要由万向节和传动轴组成，如图 2-94 所示。

图 2-93　万向传动装置位置

图 2-94　万向传动装置组成

感受　万向传动装置就像胳膊上的关节一样可以满足轴之间位置的变化，除此之外还要满足行驶中对长度变化的要求。

二、万向节

万向节按扭转方向是否有弹力可分为刚性万向节和挠性万向节，汽车上主要采用刚性万向节。按其速度特性又可分为不等速万向节、等速万向节和准等速万向节。目前汽车上常用的万向节有十字轴式、球笼式、三枢轴式和双联式，本书重点介绍十字轴式万向节、球笼式万向节和三枢轴式万向节。

1. 十字轴式万向节（不等速万向节）

十字轴式万向节（见图 2-95）主要由一个十字轴，两个万向节叉和四个滚针轴承等组成。十字轴轴颈上的滚针轴承装在万向节叉孔内。允许相邻两轴的最大交角为 15° ～ 20°。

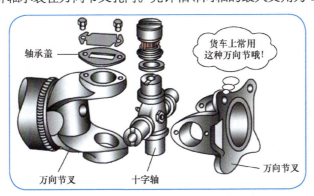

图 2-95　十字轴式万向节

定位：滚针轴承在万向节叉孔内通过轴承盖或卡簧定位，部分微型车也常将轴承一次性定位，如图 2-96 所示。

卡簧定位。

卡簧有外张和内束两种哦！

图 2-96　十字轴万向节定位

润滑：为了增加轴承的润滑条件，在十字轴的一侧安装有注油嘴并通过内部的油道润滑轴承。为避免灰尘进入轴承，在十字轴轴颈上装有油封，如图 2-97 所示。

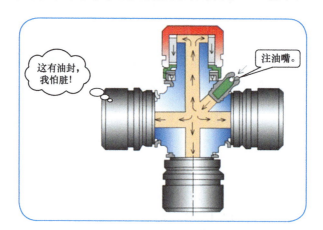

这有油封，我怕脏！

注油嘴。

图 2-97　十字轴万向节润滑

动力传递：主动叉→滚针轴承→十字轴→滚针轴承→从动叉。

2. 球笼式万向节（等速万向节）

球笼式万向节通常分为碗形球笼万向节（外球笼）和伸缩型球笼万向节（内球笼）两种，如图 2-98 和图 2-99 所示。伸缩型球笼式万向节可满足行驶中车轮跳动对轮距长度变化的要求。

图 2-98　外球笼

图 2-99　内球笼

（1）外球笼由外球座、内球座、球笼、钢球、防尘罩、卡簧等组成，如图 2-100 所示。在内、外球座上均制六个传动钢球滚道，外球座与从动轴制为一体，内球座与半轴通过花键连接并用卡簧定位，如图 2-101 所示。六个钢球安装在内外滚道之间的球笼内。球笼内充满润滑脂以满足其润滑要求，端口处装有防尘罩。

图 2-100　外球笼结构分解图

（2）内球笼由内六角螺栓、外球座、内球座、球笼、钢球、防尘罩、卡簧、密封垫等组成，如图 2-102 所示。在内、外球座上均制六个传动钢球滚道且呈"八"字状，外球座通过六个内六角螺栓与变速器凸缘连接，内球座与半轴通过花键连接并用卡簧定位，如图 2-103 所示。六个钢球安装在内外滚道之间的球笼内。球笼内充满黄油以满足其润滑，外端口处装有防尘罩，内端口通过密封垫与变速器凸缘密封。

图 2-101　外球笼内球座

图 2-102　内球笼结构分解图

图 2-103　内球笼内、外球座

（3）动力传递：变速器凸缘→内六角螺栓→内球笼（外球座→钢球→内球座）→半轴→外

球笼（内球座→钢球→外球座→从动轴）→轮毂，如图2-104所示。

球笼式万向节需要保证充足的润滑，良好的润滑不仅需要润滑脂，还需要完好的防尘罩，因此防尘罩的好坏直接决定球笼式万向节的寿命。

提示

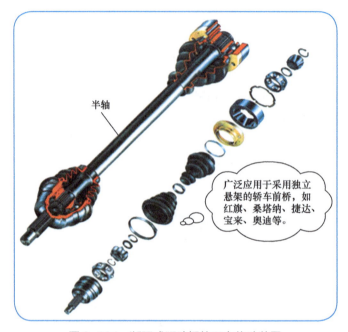

半轴

广泛应用于采用独立悬架的轿车前桥，如红旗、桑塔纳、捷达、宝来、奥迪等。

图2-104 断开式驱动桥的万向传动装置

3. 三枢轴式万向节（等速万向节）

三枢轴万向节包括三个位于同一平面内互成120°的枢轴，它们的轴线交于输入轴上一点，并且垂直于驱动轴，如图2-105所示。

我是减小磨损的。

三枢轴，又名三脚、三叉、三销轴

滚子轴承

图2-105 三枢轴万向节

三个外表面为球面的滚子轴承，分别活套在各枢轴上。一个漏斗形轴，在其筒形部分加工出三个槽形轨道。三个槽形轨道在筒形圆周上是均匀分布的，轨道配合面为部分圆柱面，三个滚子轴承分别装入各槽形轨道，可沿轨道滑动达到等速传动的效果。

三、传动轴

空心轴用 1.5～3.0mm 钢板卷焊而成（重型车使用无缝钢管），如图 2-106 所示。实心轴主要用于转向驱动桥，断开式驱动桥（微型汽车传动轴），如图 2-107 所示。

图 2-106　空心轴

图 2-107　实心轴

提示

传动轴上的伸缩节可以满足汽车在行驶中因震动和颠簸而导致的传动轴长度的变化。

任务实施

操作一　球笼万向节的检查与更换

步骤一：事前准备。

① 车辆进入工位前，参训学生将工位清理干净，排除障碍物，准备好相关工具、物品等，如图 2-108 所示。

② 将车辆停驻在举升机平台的位置，如图 2-109 所示。

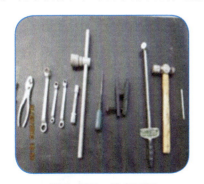

图 2-108　准备工具

图 2-109　调整举升机举升位置

③ 拉紧驻车制动器，并将变速器置于空挡位置，如图 2-110 和图 2-111 所示。

图 2-110　拉紧驻车制动器

图 2-111　挂空挡

④ 安装保护装置，如图 2-112 和图 2-113 所示。

图 2-112　安装保护装置（1）

图 2-113　安装保护装置（2）

注意举升机的安全操作，避免出现安全事故。

安全

步骤二：半轴总成的拆卸。

① 拆车轮，如图 2-114 所示。

② 拆半轴大螺母，如图 2-115 所示。

图 2-114　拆车轮

图 2-115　拆半轴大螺母

③ 拆卸制动软管固定螺栓、ABS轮速传感器及其固定线束螺栓，如图2-116和图2-117所示。

图 2-116　拆制动软管固定螺栓

图 2-117　拆轮速传感器

④ 拆下制动分泵固定螺栓，使用一字螺丝刀撬出制动分泵，如图2-118和图2-119所示。

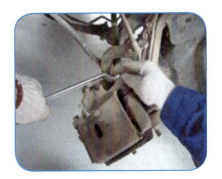

图 2-118　拆制动分泵固定螺栓

图 2-119　撬出制动分泵

提示

制动分泵取下后，需用铁丝固定吊挂于车身，防止制动软管受分泵重力而断裂。

⑤ 用球头取出器取下横拉杆球头、上下摆臂球头，取下转向节，如图 2-120～图 2-125 所示。

图 2-120　拧松横拉杆球头螺母

图 2-121　取下横拉杆球头

图 2-122　取下上摆臂球头

图 2-123　取下下摆臂球头

图 2-124　取下转向节

图 2-125　转向节

⑥ 拆下摆臂与减震器的连接螺栓，用撬棍将半轴总成从变速器中撬出，如图 2-126 ～图 2-129 所示。

图 2-126　拆下摆臂与减震器的连接螺栓

图 2-127　撬半轴总成

图 2-128　取出半轴总成

图 2-129　半轴球笼总成

从变速器中取出半轴总成时，注意变速器中润滑油的泄漏，应及时回收。

步骤三：球笼的分解。

① 将半轴总成固定于钳台，用一字螺丝刀拆下球笼防尘卡箍，如图2-130和图2-131所示。

图2-130　固定半轴总成

图2-131　拆防尘卡箍

② 用铜棒和锤子将球笼从半轴上敲出，并取下防尘罩，如图2-132和图2-133所示。

图2-132　敲出球笼

图2-133　取下防尘罩

③ 将球笼内滚道、钢球保持架、钢球分解后用汽油清洗干净，如图2-134和图2-135所示。

图2-134　清洗

图2-135　球笼

步骤四：球笼的检修。

① 检查球笼防尘罩是否老化，破裂，如图 2-136 所示。

② 检查钢球是否有麻点，明显磨损等现象，如图 2-137 所示。

图 2-136　检查防尘罩

图 2-137　检查钢球

③ 检查钢球保持架与钢球之间的间隙是否过大，如图 2-138 所示。

④ 检查球笼内滚道花键与半轴花键间隙是否过大，如图 2-139 所示。

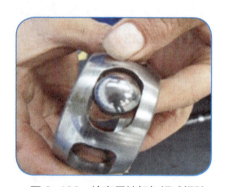

图 2-138　检查保持架与钢球间隙

图 2-139　检查花键与半轴花键间隙

步骤五：球笼的安装。

① 将钢球保持架垂直放入球笼外滚道内（内球笼滚道交叉），如图 2-140 所示。

② 对角依次装入钢球，如图 2-141 所示。

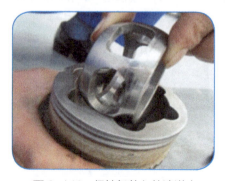

图 2-140　保持架放入外滚道内

图 2-141　装钢球

③ 加注专用润滑脂，如图 2-142 所示。

④ 依次安装卡簧、防尘罩、卡箍、将球笼正对半轴花键推入后，用铜棒和锤子将球笼敲击到位，如图 2-143 ～图 2-145 所示。

图 2-142　润滑

图 2-143　安装卡簧

图 2-144　安装卡箍

图 2-145　将球笼安装到位

⑤ 紧固防尘罩及其卡箍，并检查球笼是否转动灵活，如图 2-146 和图 2-147 所示。

图 2-146　紧固防尘罩及其卡箍

图 2-147　检查球笼转动

步骤六：半轴球笼总成的安装。

① 将半轴总成内球笼花键对正变速器上花键孔，安装到位，如图 2-148 所示。

② 将半轴外球笼花键装入转向节内花键中，如图 2-149 所示。

图 2-148　安装内球笼

图 2-149　安装外球笼

③ 安装上下摆臂与减震器，如图 2-150 所示。

④ 安装横拉杆球头，如图 2-151 所示。

图 2-150　安装上下摆臂

图 2-151　安装横拉杆球头

⑤ 安装 ABS 轮速传感器并固定器线束，如图 2-152 所示。

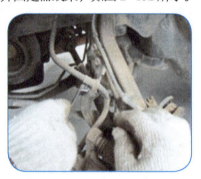

图 2-152　安装轮速传感器

提示　上、下摆臂及横拉杆球头为转向系统重要安全部位，拆卸后必须更换新开口销，防止球头松脱，造成安全事故。

⑥ 安装制动分泵并将分泵软管固定，如图2-153所示。

⑦ 安装新的半轴螺母，如图2-154所示。

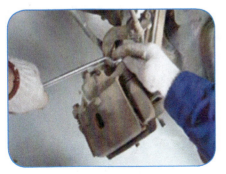

图2-153　安装制动分泵

图2-154　安装半轴螺母

提示

半轴大螺母拆卸后应更换新件，拧紧至规定力矩后应将防松保险锁好。

⑧ 安装车轮。

⑨ 举升车辆对各部件安装情况进行复检，对照力矩表检查各连接部位螺栓是否按规定力矩拧紧。

操作二　万向传动装置典型故障排除

万向传动装置典型故障主要有传动轴震动并伴有噪声，轿车转向异响等。下面分别叙述诊断过程。

故障一：传动轴震动并伴有噪声

（1）故障现象。震动传给车身引起车身震动，一般车速越高震动越强，特别严重时握转向盘的手会发麻，并伴有异响，且车速越高响声越大。

（2）故障排除步骤如下。

① 检查底盘传动系统螺栓与一些部件是否松旷

② 榔头轻击各万向节凸缘，检查松紧度

③ 双手分别握住万向节主、从动部分转动，检查游动角度

④ 检查十字轴、传动轴是否弯曲

⑤ 检查传动轴平衡块，发现丢失

⑥ 将传动轴重新动平衡后，试车检查良好，故障排除

（3）传动轴震动并伴有噪声故障其他原因及检修方法如表2-5所示。

表2-5　　　　　　　传动轴震动并伴有噪声故障其他原因及检修方法

故障原因	检查方法	修理方法
万向节严重磨损、十字轴轴颈和滚针轴承磨损	观察	更换
传动轴不平衡弯曲变形	观察，检查	更换或校正
中间支承磨损松旷	观察，检查	更换
缘盘连接螺栓松动	观察，检查	紧固

提示

万向传动装置故障应尽快排除，避免传动轴断裂、脱节等恶性事故发生。

故障二：轿车转向异响

（1）故障现象。轿车在转向行驶过程中发生异响，慢速转弯尤为明显。

（2）故障排除步骤如下。

① 两人搭配，一人慢速行车转弯，一人确认异响部位

② 检查减震、转向、底盘螺栓有无松动

③ 观察半轴外球笼，发现球笼套皮套破损，内部进入沙土污染

④ 拆检发现半轴外球笼轴承摩擦损坏

⑤ 更换外球笼和皮套，重新灌注润滑脂

⑥ 更换完毕，试车检查情况良好，故障排除

提示

轿车前球笼内润滑脂不是黄油，而是专用的二硫化钼。

（3）轿车转向异响故障其他原因及检修方法如表2-6所示。

表2-6　　　　　　　　　　轿车转向异响故障其他原因及检修方法

故障原因	检查方法	修理方法
转向球头损坏	拆检	更换
转向系螺栓松动	拆检	紧固
减震器压力轴承损坏	拆检	更换

实操任务单

万向节的检查更换作业工单			
维修班组：_____　维修技师甲：_____维修技师乙：_____　质检员：_____			
整车型号			
车辆识别代码			
发动机型号			
任务	作业记录内容		备注
一、前期准备	安装三件套、翼子板布和前格栅布。□ 工具准备（抽油机、齿轮油）等。□		环车检查车身状况
二、安全检查	检查驻车制动器及挡位。□ 安全使用举升机。□ 现场安全确认。□		
三、标准参数	下摆臂球头螺栓力矩：_____N·m 转向横拉杆球头螺栓力矩：_____N·m 半轴中心螺栓力矩：_____N·m 轮胎螺栓力矩：_____N·m		
四、工具的选用、使用、摆放	工具的选用：_____ _____ 工具使用规范（型号、用力方向、力矩、摆放整齐）： _____ _____		

任务	作业记录内容	备注
五、6S 管理	正确组装方向盘套、座套、换挡手柄套。□ 将工位卫生清理干净。□	
六、拆卸过程	拆卸后零件合理摆放。□ 拆卸过程规范：_____ _____ _____	
七、检查过程	清洗零部件。□ 检查项目：_____ _____ 检查方法：_____ _____ 检查结果：_____	
八、安装过程	使用规定润滑脂润滑。□ 检查球笼转动是否灵活。□ 按规定力矩拧紧。□ 安装顺序：_____ _____ 球笼组装：_____ _____	查阅相关资料
九、竣工检查	将工具及物品摆放归位。□ 汽车整体检查（复检）。□ 按 6S 管理要求。□	
	工单记录员：_____ 车间主任：_____ 客 户 签 字：_____ 维修时间：_____	

任务五　驱动桥的检修

 **学习目标**

（1）了解驱动桥的结构组成。

（2）掌握主减速器的调整方法。

（3）理解差速器的差速原理。

相关知识

一、驱动桥的认知

1. 驱动桥的功用

（1）通过主减速器齿轮的传动，降速增矩。

（2）主减速器采用锥齿轮传动，改变动力传递方向。

（3）通过差速器可以使内外侧车轮以不同转速转动，适应汽车的转向要求。

（4）通过桥壳和车轮，实现承载及传力作用。

2. 驱动桥的类型

（1）整体式驱动桥。一般使用在中型及轻型客车或货车上，驱动桥为一个整体，通常与非独立悬架配用，两侧车轮和半轴不能相互独立的跳动，如图 2-155 所示。

图 2-155　整体式驱动桥

（2）断开式驱动桥。一般使用在轿车的前桥上，驱动桥是分段的，主减速器壳固定在车架上，半轴与传动轴通过万向节铰接，传动轴又通过万向节与驱动轮铰接。 断开式驱动桥通常与独立悬架配用，两侧的驱动轮分别通过弹性悬架与车架相连，可彼此独立地相对于车架上下跳动，如图 2-156 所示。

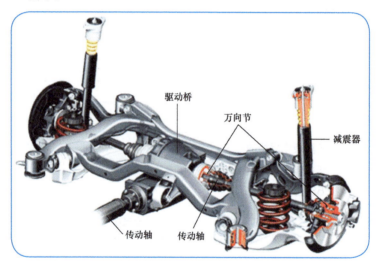

图 2-156　奥迪 A4 的断开式后驱动桥

 **提示**

前驱轿车的主减速器和差速器都装在变速箱内。发动机横置和纵置会使主减速器的齿轮不同。

3. 驱动桥的组成

整体式驱动桥（见图 2-157）主要由主减速器、差速器、半轴、桥壳等组成，对于断开式驱动桥还会有万向节等。

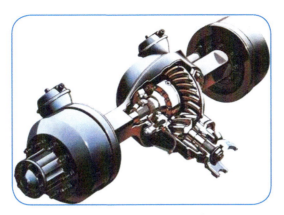

图2-157　驱动桥的组成

二、主减速器

1. 主减速器的作用

减小转速、增大扭矩，改变动力方向（发动机纵置）。

提示　捷达、夏利等发动机横置汽车的主减速器齿轮为圆柱齿轮而不是圆锥齿轮，因为横置的发动机无需改变动力传递方向。

2. 主减速器的分类

按参加传动的齿轮副数目，主减速器可分为单级主减速器和双级主减速器。

（1）单级主减速器（见图2-158和图2-159）。它指的是只经过一对常啮合齿轮进行减速的形式。主动圆锥齿轮（角齿）与主动轴制成一体，从动圆锥齿轮（盆齿）与差速器壳通过螺栓连接成一体。主、从动圆锥齿轮均采用双曲面锥齿轮。它主要用在小型汽车上，如轿车、面包车、小货车等。

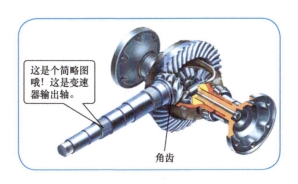

这是个简略图哦！这是变速器输出轴。

角齿

图2-158　单级主减速器（前驱）

（2）双级主减速器（见图2-160）。它指的是需经过两对常啮合齿轮进行减速的形式。主动圆锥齿轮与主动轴制成一体，从动圆锥齿轮与中间轴连接，由中间轴再通过一对圆柱齿轮进行二次降速，第二级从动齿轮依然通过螺栓与差速器壳连接成一体。它主要用在大货车上。

盆齿

主减速器壳体

差速器

图2-159　单级主减速器（后驱）

比单级主减速器只多一根中间轴。

图2-160　双级主减速器

三、差速器

1. 差速器的作用与类型

差速器的主要作用是将主减速器的动力传给两根半轴，并允许两根半轴以不同的转速旋转。差速器的类型按其工作特性可分为普通齿轮式差速器和托森防滑式差速器两大类，如图2-161和图2-162所示。

图2-161　普通齿轮式差速器

图2-162　托森防滑式差速器

2. 普通齿轮式差速器结构

普通齿轮式差速器主要由差速器壳、半轴齿轮、行星齿轮、行星齿轮轴以及垫片等组成。

一般轿车及小货车采用一字轴支承，行星齿轮有两个，差速器壳为一个整体，结构较简单，重量较轻。从动圆锥齿轮通过螺栓连接在差速器壳上，一字轴穿在差速器壳上的孔中由销定位，两个行星齿轮装在一字轴上，两个半轴齿轮与行星齿轮相啮合，整个差速器壳通过两个圆锥轴承支承在主减速器壳体上，如图2-163所示。

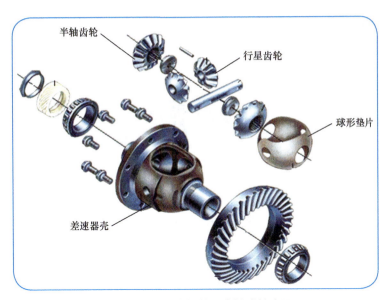

图2-163　一字轴普通齿轮式差速器

中型或重型车上一般采用十字轴支承，行星齿轮有四个，差速器壳分为两半通过螺栓连接，因而体积较大，如图2-164所示。

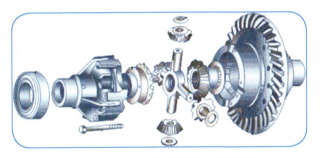

图2-164　十字轴普通齿轮式差速器

普通齿轮式差速器的工作原理

四、半轴与桥壳

1. 半轴的作用与类型

半轴是将差速器传来的动力传给驱动轮。常见的有整体式和分段式两种，整体式一般用在后驱的货车上，分段式一般用在前驱的轿车上，如图2-165所示。

图2-165　半轴

2. 桥壳

桥壳的作用是支承并保护主减速器、差速器和半轴等；桥壳从结构上可分为整体式和分段式两种。

整体式桥壳（见图2-166）因强度和刚度性能好，便于主减速器的安装、调整和维修，而得到广泛应用。

图2-166　整体式桥壳

分段式桥壳（见图2-167）一般分为两段，由螺栓将两段连成一体。拆装维修不便，必须把整个驱动桥从车上拆下来，故现已很少用。

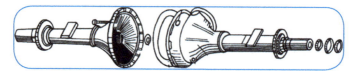

图2-167　分段式桥壳

 任务实施

操作　驱动桥典型故障排除

驱动桥故障主要行驶时驱动桥异响和驱动桥过热等，下面分别叙述诊断过程。

故障一：行驶时驱动桥异响

（1）故障现象。汽车行驶中，驱动桥发出异常的响声。汽车转弯行驶时驱动桥发出较大响声，而直线行驶时响声减弱或消失。

（2）故障排除步骤如下。

① 首先判断是直行异响还是转弯异响

② 若仅为转弯异响则主要检查差速器

③ 若行驶有异响，而空挡滑行时异响减轻或消失，应检查主减速器

④ 若行驶和滑行均有异响，应检查润滑油量是否充足和主减速器间隙

⑤ 检查后发现润滑油量不够。

⑥ 添加润滑油后，试车情况查良好，故障排除

（3）行驶时驱动桥异响故障其他原因及检修方法如表 2-7 所示。

表 2-7　　　　　　　　　　　　行驶时驱动桥异响故障其他原因及检修方法

故障原因	检查方法	修理方法
滚动轴承损伤、严重磨损或过于松旷	观察，检查	紧固
主传动器从动齿轮变形或连接松动	观察，检查	更换或紧固
差速器内各十字轴配合松旷	观察，检查	更换
齿轮油标号不对	检查	更换

故障二：驱动桥过热

（1）故障现象。汽车行驶一段时间后，驱动桥壳有明显的烫手感觉。

（2）可能原因。

① 齿轮油不足、变质。

② 轴承过紧。

③ 啮合间隙过小。

④ 油封过紧。

（3）故障排除步骤可参照图 2-168 所示的流程图。

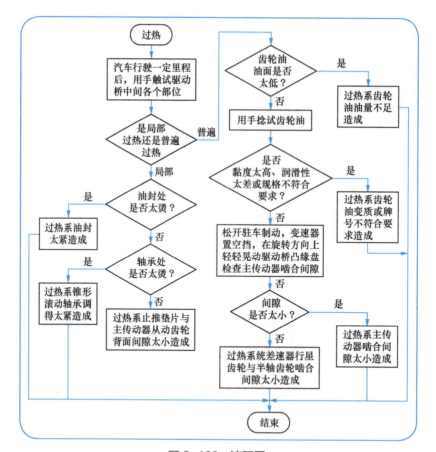

图2-168　流程图

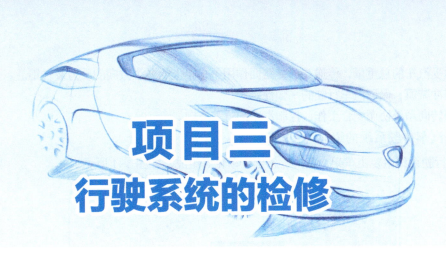

项目三
行驶系统的检修

项目引入

　　一辆三菱帕杰罗汽车轮胎漏气来到舅舅家修理厂，卡卡自告奋勇要自己来。一通操作，支千斤顶、松轮胎、取备胎，中间出错无数。螺栓都松了、千斤顶也支了，轮胎就是拿不下来，最后还得请教舅舅，照着轮胎用力踹，才终于卸下来的。历经千辛万苦终于把轮胎换好了。从换轮胎过程中，卡卡又一次感觉到理论知识和实际操作的区别，也更加深了卡卡将实训进行到底的决心。

轮胎没气了，爆了？

换备胎呗，谁叫咱是科班出身？

任务一　行驶系统的认知

学习目标

（1）了解汽车行驶系统的功用。

（2）了解汽车行驶系统的组成和类型。

相关知识

一、汽车行驶系统的功用

① 接受传动系统传来的发动机转矩并产生驱动力。

② 承受汽车的总重量，传递并承受路面作用于车轮上的各个方向的反力及转矩。

③ 缓冲减震，保证汽车行驶的平顺性。

④ 与转向系统协调配合工作，控制汽车的行驶方向。

二、汽车行驶系统的组成

汽车行驶系统主要由车架、车桥、悬架、车轮等组成，如图 3-1 所示。

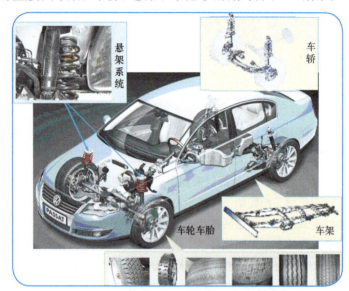

图 3-1　行驶系统

三、车架

1. 车架的作用及类型

车架也称大梁，是整个汽车的安装基础，一般由两根纵梁和几根横梁组成，经由悬挂装置、前桥、后桥支撑在车轮上。其功用是支撑连接汽车的各零部件并保证其正确的相对位置。它必须具有足够的强度和刚度以承受汽车的载荷和从车轮传来的冲击。目前，汽车车架的结构形式基本上可分成边梁式、中梁式、综合式和无梁式，如图 3-2 ～图 3-6 所示。

图 3-2　雪佛兰开拓者边梁式车架

图 3-3　中梁式车架

感受

可以想象得到吗？这么大一个车只有一根车架！

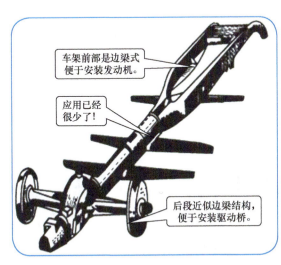

车架前部是边梁式便于安装发动机。

应用已经很少了！

后段近似边梁结构，便于安装驱动桥。

图 3-4　综合式车架

还是这种车架美观！

图 3-5　迈巴赫轿车承载式车身

大客车整体承载式车身骨架。

图 3-6　大客车承载式车身

承载式车身由于无车架，可以减轻整车质量；可以使地板高度降低，使上、下车方便。

感受

2. 车身修理

当汽车发生严重损坏，涉及到车身底板发生变形，无须全部更换车身，先要用大梁校正仪进行车身底板校正和车身校正，再修复损坏的车身钣金，如图3-7和图3-8所示。

图3-7 车身变形车辆

图3-8 大梁矫正仪的使用

四、车桥

1. 车桥的作用与分类

（1）车桥的作用。车桥通过悬架与车架（或承载式车身）相连，两端安装车轮，传递车架（或承载式车身）与车轮之间各方向的作用力及其力矩，如图3-9所示。

（2）车桥的分类。车桥按悬架结构的不同可分为整体式车桥和断开式车桥两种。整体式车桥与非独立悬架配用，断开式车桥与独立悬架配用。

车桥按其所起作用的不同可分为转向桥、驱动桥、转向驱动桥和支持桥。

2. 转向桥

转向桥利用车桥中的转向节使两端的车轮偏转一定的角度，以实现汽车的转向。同时，它还承担汽车的垂直载荷、横向力、制动力等。转向桥分为整体式转向桥和断开式转向桥。

整体式转向桥（见图3-10）通常采用工字断面的工字梁或管形断面的管式梁。中部弯曲向下，以配合发动机的布置，并降低汽车的重心。两端装有主销及转向节。它采用钢板弹簧悬架。载货汽车的转向桥，大多采用这种结构。

断开式转向桥（见图3-11）通常采用独立悬架与车架或非承载式车身相连，两端装有主

驱动桥　　悬架

图3-9 驱动桥

销及转向节。微型汽车的转向桥，大多采用这种结构。

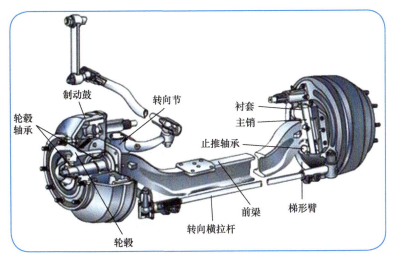

图 3-10　整体式转向桥

各车型转向桥，其结构基本相同，一般是由前轴、转向节、主销和轮毂组成。

（1）前轴。汽车的前轴（见图3-12）又名前桥，用于安装前轮，支撑汽车前部重量，用前悬架与车架连接。两端有上翘的长轴。汽车正常行驶时，前轴以承受垂直弯矩为主，汽车制动时还要承受转矩。故其端面采用工字形以提高抗弯强度。中部向下弯曲，使发动机位置得以降低，从而降低汽车重心，扩展驾驶员视野，并减小传动轴与变速器输出轴之间夹角。

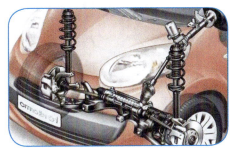

图 3-11　断开式转向桥

图 3-12　前轴

提示

前轴对汽车前部起到支撑作用，所以很坚固一般情况很少损坏。

（2）转向节。转向节（见图3-13）的功用是承受汽车前部载荷，支撑并带动前轮绕主销转动而使汽车转向。

感受

转向节这个部位很重要，无论我们做四轮定位、换减震、下摆臂、轴头（轮毂）、转向横拉杆、制动分泵都会碰到它。

（3）主销。主销（见图3-14）作用是铰接前轴与转向节，使转向节绕着主销摆动以实现车轮转向。转向节是叉形部件，上下两叉制有同轴线的销孔，通过主销与前轴的拳部相连，使前轮可以绕主销偏转一定角度而使汽车转向。为了减小磨损，转向节销孔内压入青铜衬套，衬套上的润滑油槽在上面端部是互通的，装在转向节上的油嘴，用于注入润滑脂润滑转向节叉与主销。为了转向灵活轻便，在转向节下耳与前轴拳部之间装有滚子轴承。

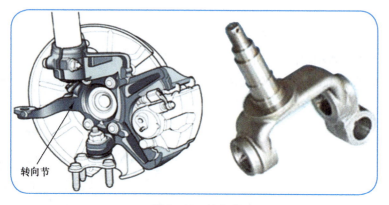

转向节

图3-13　转向节　　　　　　　　　图3-14　转向主销

提示

衬套、轴承需经常注入润滑脂，属易损件，需时常更换。主销是十分难以拆下的部件，更换时要有思想准备。

（4）轮毂。轮毂（见图3-15）用于连接制动鼓、轮盘和半轴凸缘，它通过轴承安装在转向节轴颈上。轿车已经广泛地使用轿车轮毂单元。货车轮毂轴承是通过润滑脂润滑，为防止润滑脂侵入制动鼓，在内端轴承内侧装有油封。外轴承外端用轮毂盖加以防尘，轮毂轴承的预紧是可以调整的。

提示

对于某些车型来说，给四轮轴承换油，是我们做四轮保养的主要项目。

图 3-15　轮毂

3. 转向驱动桥

能够实现车轮转向和驱动两种功能的车桥称为转向驱动桥，如图 3-16 所示。

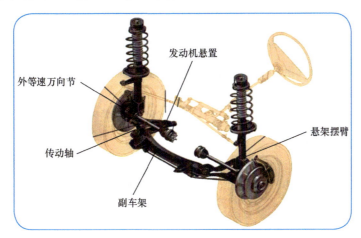

图 3-16　上海桑塔纳前桥

转向驱动桥既有一般驱动桥所具有的主减速器、差速器和半轴和桥壳，也有转向桥所具有的转向节、主销和轮毂等。为了转向的需要而将半轴分成两段制造，称内半轴和外半轴，内半轴与差速器相连，外半轴与轮毂相连，二者用等角速万向节连接起来，主销也被分成上下两段，分别固定在万向节的球形支座上，主销轴线通过万向节的中心。转向节轴制成空心的，以便外半轴从中穿过。这样既满足转向需要，又可以给转向节传递转矩功能。

北京切诺基前桥（见图 3-17）的等角速万向节的内外端处有止推垫片，防止轴向窜动，以保证主销轴线通过节心，防止运动干涉。转向节壳体与上下盖之间有调整垫片，用来调整主销轴承的预紧度和保证两半轴的轴线重合。这是转向驱动桥装配调整时的关键部位和内容。

大家思考一下，还有哪些车的前桥是转向驱动桥？

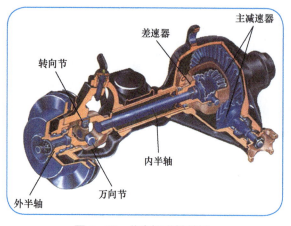

转向驱动桥原理

图 3-17　北京切诺基前桥

任务二　四轮定位检测与调整

学习目标

（1）了解四轮定位内容。

（2）理解四轮定位作用。

（3）掌握四轮定位检测与调整方法。

相关知识

一、前轮定位

汽车的转向车轮、转向节和前轴三者之间的安装具有一定的相对位置，这种具有一定相对位置的安装叫做转向车轮定位，也称前轮定位。前轮定位包括主销后倾（角）、主销内倾（角）、前轮外倾（角）和前轮前束四个内容。

1. 主销后倾

所谓主销后倾，是将主销（即转向轴线）的上端略向后倾斜。从汽车的侧面看去，主销轴线与通过前轮中心的垂线之间形成一个夹角，即主销后倾角，如图3-18所示。它使车辆转弯时产生的离心力所形成的力矩方向与车轮偏转方向相反，迫使车轮偏转后自动恢复到原来的中间位置上。由此，主销后倾角越大，车速越高，前轮稳定性也越好。但后倾角大也会令驾驶者转动转向盘费力。

提示

自行车的前叉也是向后倾斜的，和汽车的主销后倾，作用相同。

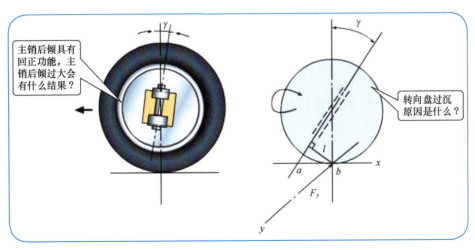

图 3-18　主销后倾角

2. 主销内倾

从车前后方向看轮胎时，主销轴上端向车身内侧倾斜，该角度称为主销内倾角，如图 3-19 所示。主销内倾和主销后倾都具有使汽车转向自动回正，保持直线行驶的功能。不同之处是主销内倾的回正力矩与车速无关，主销后倾的回正力矩与车速有关，因此高速时后倾的回正作用大，低速时内倾的回正作用大。

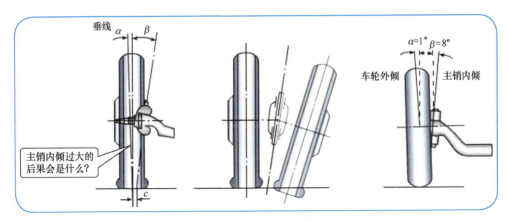

图 3-19　主销内倾和车轮外倾

 **问题**　主销内倾和主销后倾都有使汽车转向自动回正功能，它们之间有什么不同吗？

3. 前轮外倾

从前后方向看车轮时，轮胎并非垂直安装，而是稍微倾倒呈现倒 "八" 字形张开，称为外倾，而朝反方向张开时称负外倾。前轮外倾角对汽车的转弯性能有直接影响，它的作用是提高前轮的转向安全性和转向操纵的轻便性。如果车轮垂直地面一旦满载就易产生变形，可能引起车轮上部向内倾侧，导致车轮连接件损坏，所以事先将车轮校偏一个外八字角度，这个角度约在 1° 左右，如图 3-19 所示。

4. 前轮前束

前轮前束指的是两前轮前端与后端距离不等，左右前轮分别向内收。采用这种结构是为了修正前轮外倾角引起的车轮向外侧转动的问题。如前所述，由于有外倾，转向盘操作变得容易。另外，由于车轮倾斜，左右前轮分别向外侧转动，为了修正这个问题，如果左右两轮带有向内的角度，则正负为零，左右两轮可保持直线行进，减少轮胎磨损，如图 3-20 所示。

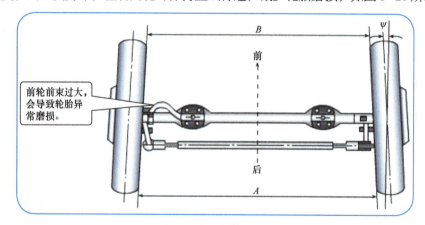

图 3-20　前轮前束

感受

前轮在滚动时，其惯性力会自然将轮胎向外偏斜，如果前束适当，轮胎滚动时的偏斜方向就会抵消，轮胎内外侧磨损的现象会减少。

二、四轮定位

除了两个转向前轮的定位之外，对两个后轮来说也同样存在确定与后轴之间安装的相对位置，称后轮定位。后轮定位包括车轮外倾（角）和逐个后轮前束。这样前轮定位和后轮定位总起来说叫四轮定位。

1. 四轮定位的作用

（1）增加行驶安全。

（2）减少轮胎磨损。

（3）保持直线行车。

（4）转向后转向盘自动归正。

（5）增加驾驶控制感。

（6）减少燃烧消耗。

（7）减低悬挂部件耗损。

2. 四轮定位不良会引起的行驶故障

（1）转向盘过沉，这是由后倾角过大造成的。

（2）转向盘发抖，这是由轮胎的静态或者动态不平衡、车轮中心点偏心产生凸轮效应造成的。

（3）车辆行驶中跑偏，这是由车辆的左右后倾角或外倾角数值不相等、车身高度左右不相等、左右轮胎尺寸或气压不相等、轮胎变形造成的。

（4）方向盘不正，这是由后轮前束不良造成斜推进线、转向系统不正造成的。

（5）轮胎的非正常磨损，这里面包括轮胎块状磨损、羽毛状磨损、凸波状磨损和单边磨损。导致这些非正常磨损的原因大都集中在轮胎的前束和倾角的参数偏移。

 任务实施

操作　四轮定位检测与调整

步骤一：准备及检查。

（1）套上一次性坐套、转向盘套，脚下垫上脚垫后将车开上四轮定位仪专用的举升机，停到指定位置，如图3-21所示。

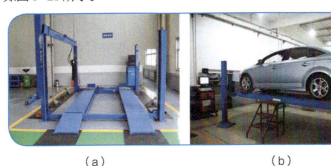

　　　　　（a）　　　　　　　　　　　　　　　（b）

图3-21　进入举升机

（2）检查轮胎，查看轮胎的气压是否在安全的范围内，并且保证左右两个轮胎的气压完全一致；查看四个轮胎胎面的磨损情况（进行这一步骤时建议检查四轮动平衡情况），如图3-22所示。

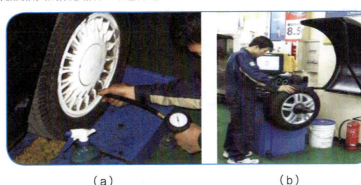

　　　　　（a）　　　　　　　　　　　　　　　（b）

图3-22　测胎压、动平衡

（3）检查底盘及悬架系统是否有松旷或变形的情况；检查各个部件关节部分的胶套，防尘套是否有老化或脱落的现象，如图3-23所示。

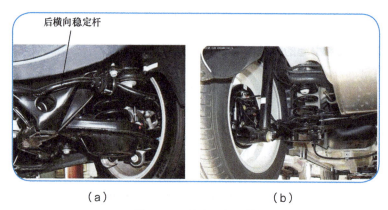

（a）　　　　　　　　　　（b）

图3-23　检查悬架系统

步骤二：检测。

（1）打开检测仪器，并将四支感应器安装在车辆的四个轮胎上并固定好，检测各感应器是否正常，红外线有无阻挡，如图3-24所示。

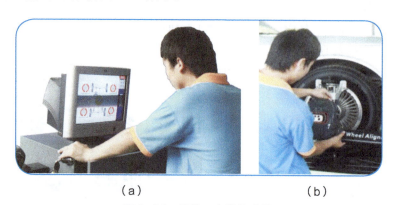

（a）　　　　　　　　　　（b）

图3-24　开机，安装传感器

（2）按照检测仪器的提示完成各项检测步骤，如图3-25所示。

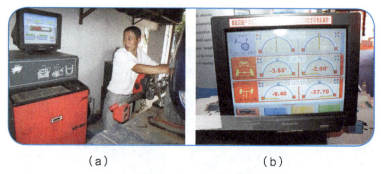

（a）　　　　　　　　　　（b）

图3-25　检测及数据

（3）按标准调整前轮的前束角和外倾角，如图3-26所示。

（4）调整后轮的前束角、车轮外倾角和推进角（后轮可调的情况下）。

（5）再次检测数据后调整完毕。

（6）拆下感应器后对车辆进行路试。

四轮定位检测与调整

图 3-26　调整前轮的前束角和外倾角

🚗 实操任务单

四轮定位作业工单		
维修班组：＿＿＿＿　维修技师甲：＿＿＿＿　维修技师乙：＿＿＿＿　质检员：＿＿＿＿		
整车型号		
车辆识别代码		
发动机型号		
任务	作业记录内容	备注
一、前期准备	安装三件套、翼子板布和前格栅布。□ 工具、设备准备。□ 轮胎清洁、磨损情况。□ 气压是否符合要求。□ 悬架各部件连接是否松动。□ 车桥、车身是否变形、异常。□	环车检查车身状况
二、安全注意事项	将工位卫生清理干净。□ 拉紧驻车制动器。□ 正确组装方向套、换挡手柄套。□ 举升位置的选择。□ 举升机的正确使用。□ 车辆停好后挂空挡。□	
三、仪器连接内容	点火开关关闭。□ 正确连接四轮定位仪器。□	
四、标准参数	前轮外倾角多大？　＿＿＿＿＿＿＿＿ 转向横拉杆调节螺栓力矩多大？　＿＿＿＿＿＿＿＿ 后轮外倾角多大？　＿＿＿＿＿＿＿＿ 后轮前束角多大？　＿＿＿＿＿＿＿＿	

任务	作业记录内容	备注
五、工具的选用、使用、摆放	1. 工具选用_____ _____ 2. 工具使用规范（型号、用力方向、力矩、摆放整齐）： _____ _____	
六、定位操作	夹具安装、固定。□ 传感器安装方法、位置。□ 调水平、调偏心补偿。□ 将四个传感器相对应。□ 车型选择。□ 进入定位界面。□ 读参数：_____ 调整位置、方法：_____ _____ _____	查阅相关资料
七、竣工检查	维修试车检查结果：_____ _____	
八、6S 管理	正确使用工具及各种诊断检测仪器，无安全隐患出现。□ 做到文明作业，落实 6S（整理、整顿、清扫、清洁、素养、安全）。□	作业完成

工单记录员：_____　车间主任：_____

客户签字：_____　维修时间：_____

任务三　轮胎的检修与更换

学习目标

（1）了解轮胎的结构和类型。

（2）正确识别子午线轮胎规格。

（3）掌握轮胎维护与修理的方法。

相关知识

一、车轮

车轮是介于轮胎和车轴之间承受负荷的旋转组件，主要由轮辋、轮辐和轮毂组成。轮辋用于安装轮胎，轮辐是介于车轴和轮辋之间的支撑部分，如图 3-27 所示。

车轮
平衡块及夹子
子午线轮胎
铝合金轮辋
铝合金铸造辐条
车轮螺栓
车轮饰板

图 3-27　车辆与轮胎

二、轮辋

轮辋（钢圈）是车轮周边安装轮胎的部件。在使用时，汽车的轮辋规格是很重要的。它决定汽车可以装用哪些轮胎。对于不同形式的轮辋，代号或许不一致。例如，解放 CA1092 型汽车的轮辋为 6.5-20，表明该轮辋的名义宽度和名义直径分别为 6.5 英寸和 20 英寸的多件式轮辋，上海桑塔那轿车轮辋规格为 5.5J×13，表明其轮辋名义宽度和名义直径分别为 5.5 英寸和 13 英寸。轮辋高度为 17.27mm，属于一件式轮辋。

三、轮胎

轮胎（见图 3-28）是在各种车辆或机械上装配的接地滚动的圆环形弹性橡胶制品，通常安装在金属轮辋上，能支撑车身，缓冲外界冲击，实现与路面的接触并保证车辆的行驶性能。轮胎常在复杂和苛刻的条件下使用，它在行驶时承受着各种变形、负荷力以及高低温作用，因此，必须具有较高的承载性能、牵引性能和缓冲性能。同时，还要求轮胎具备高耐磨性和耐屈挠性，以及低的滚动阻力与生热性。

图 3-28　轮胎

1. 轮胎分类

（1）按保持空气方法不同分为有内胎轮胎和无内胎轮胎，如图 3-29 和图 3-30 所示。

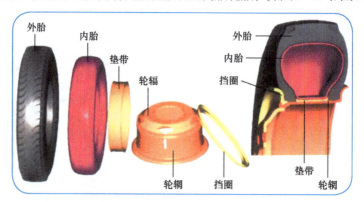

图 3-29　有内胎轮胎

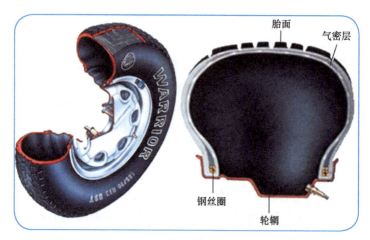

图 3-30　无内胎轮胎

无内胎轮胎的优点是轮胎穿孔时，压力不会急剧下降，能安全地继续行驶；不存在因内、外胎之间摩擦和卡住而引起的损坏；气密性较好，可以直接通过轮辋散热，所以工作温度低，使用寿命较长、结构简单、质量较小。

（2）按胎内气压大小可分为高压胎（0.5 ~ 0.7）MPa、低压胎（0.15 ~ 0.5）MPa 和超低压胎（0.15MPa 以下）。

（3）充气轮胎按胎体中帘线排列的方向不同，还可分为普通斜交胎和子午线胎，如图 3-31 和图 3-32 所示。

图 3-31　斜交轮胎

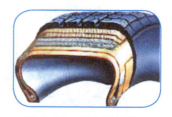

图 3-32　子午线轮胎

思考

无内胎轮胎是如何封住空气的，为什么胎冠被扎后可以修补，而胎肩和胎侧被扎后却无法修补？

2. 轮胎花纹

轮胎花纹的主要作用就是增加胎面与路面间的磨擦力，以防止车轮打滑。影响花纹作用的因素较多，但起主要作用的因素是花纹形式和花纹深度。轮胎花纹形式多种多样，但归纳起来，主要有三种：普通花纹、越野花纹和混合花纹，如图 3-33、图 3-34 和图 3-35所示。

（1）普通花纹适合于在硬路面上使用。它分为纵向花纹、横向花纹和纵横兼有花纹。纵向花纹适合在比较清洁、良好的硬路面上行驶。例如，轿车、轻型和微型货车等多选择这种花纹。横向花纹适合于在一般硬路面上、牵引力比较大的中型或重型货车使用。纵横兼有花纹应用范围广泛，它既适用于不同的硬路面，也适和于轿车和货车。

（2）越野花纹的共同特点是花纹沟槽宽而深，花纹块接地面积比较小。越野花纹轮胎适合于在崎岖不平的道路、松软土路和无路地区使用。

（3）混合花纹是普通花纹和越野花纹之间的一种过渡性花纹。目前，一些货车和四轮驱动的乘用车多使用这种形式的花纹轮胎。

图 3-33　普通花纹

图 3-34　越野花纹

图 3-35　混合花纹

3. 子午线轮胎的规格

国产子午线轮胎的规格用 BRd 表示。其中，R（即 Radial 的第一个字母）表示子午线轮胎。国产轿车子午线轮胎断面宽 B 已全部该用公制单位（mm）；载重汽车轮胎断面宽 B 有英制单位（in）和公制单位两种，而轮辋直径 d 的单位仍为英寸。

例如，载重汽车普通断面子午线轮胎的规格，如图 3-36 所示。

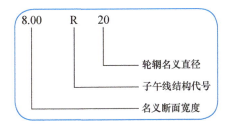

图 3-36　载重汽车子午轮胎规格

例如，轿车子午线轮胎的规格，如图3-37所示。

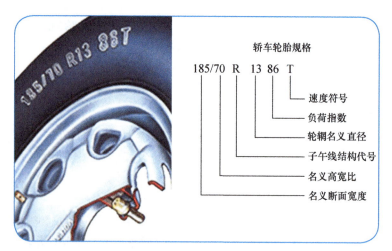

轿车轮胎规格

185/70 R 13 86 T

- 速度符号
- 负荷指数
- 轮辋名义直径
- 子午线结构代号
- 名义高宽比
- 名义断面宽度

图3-37 轿车子午轮胎规格

感受

更换轮胎时一定要核对型号，同一辆车上不建议同时装上不同型号的轮胎。

轮胎拆卸

 任务实施

操作一 轮胎的检查

步骤一：检查轮胎的整个外围与两侧面，是否有铁钉、石子，或其他的异物扎刺及夹住等情形和老化现象，如图3-38所示。

步骤二：利用深度规或轮胎磨损指示，检查轮胎沟槽深度，深度标准：1.6mm以上，如图3-39所示。

步骤三：检查轮胎是否有单边磨损，段差磨损等情形，如图3-40所示。

步骤四：轮胎气压的检查，标准图表一般贴在油箱盖内侧，如图3-41所示。

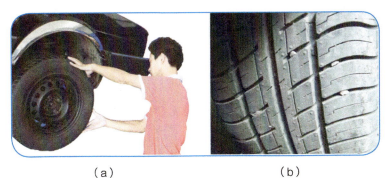

（a）　　　　　　　　　　　　　（b）

图 3-38　检查异物

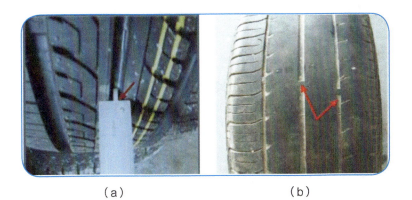

（a）　　　　　　　　　　　　　（b）

图 3-39　沟槽深度

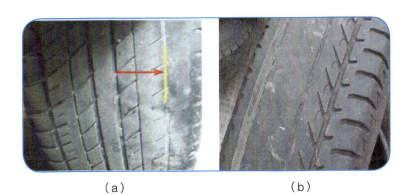

（a）　　　　　　　　　　　　　（b）

图 3-40　磨损状况

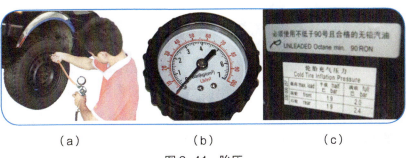

（a）　　　　　　　（b）　　　　　　　（c）

图 3-41　胎压

操作二　轮胎的更换

由于轮胎和轮毂的密封性非常好，因此要用专业的器械（扒胎机）将轮胎从轮毂上分离。

步骤一：用气门芯专用工具拆卸气门芯，放掉轮胎内的压缩空气并取下轮辋边缘的平衡块，如图3-42和图3-43所示。

图3-42　拆卸气门芯

图3-43　取下平衡块

步骤二：用轮缘压迫轮胎使之与钢圈分离，如图3-44所示。

步骤三：将轮胎放在工作台上，撑（夹）牢后锁紧，如图3-45所示。

图3-44　压胎

图3-45　安装并锁紧

步骤四：在轮胎与钢圈边缘涂润滑剂（肥皂水），用撬棍将轮胎边缘撬到拆装头上，如图3-46所示，使工作台顺时针旋转，撬棍抽出，即可拆下轮胎，如图3-47所示。

图3-46　撬胎

图3-47　拆胎

步骤五：在轮胎与钢圈边缘涂润滑剂（肥皂水），如图3-48和图3-49所示。用拆装头压住轮胎边缘，使工作台顺时针旋转，完成安装，如图3-50所示。

步骤六：安装好气门芯，将轮胎气压加至规定值，并检查是否泄漏，如图3-51所示。

图 3-48　润滑轮毂

图 3-49　润滑轮胎

图 3-50　装胎

图 3-51　充气

提示

（1）在拆卸和安装轮胎时，应向轮辋边缘涂润滑剂，避免轮胎刮伤。

（2）安装轮胎前应先清理轮胎和轮辋接触面的污物和杂质，避免轮胎安装后漏气。

操作三　轮胎的动平衡检测

步骤一：开启轮胎动平衡机电源，根据轮辋内圆大小选择合适的锥度盘，将清洁完并拆除掉旧平衡块的车轮安装于动平衡机转轴中央，并用锁紧螺母将车轮锁紧，如图 3-52 和图 3-53 所示。

图 3-52　锥度盘

图 3-53　锁紧

步骤二：输入数据，如图 3-54、图 3-55 和图 3-56 所示。

（a） （b）

图 3-54　输入动平衡机与轮辋间距离（伸缩尺测量）

（a） （b）

图 3-55　输入轮辋宽度（用宽度尺测得）

（a） （b）

图 3-56　输入轮辋直径（轮胎规格中 R 后面的数值即为轮辋直径）

步骤三：启动动平衡机，车轮停止转动后会显示出不平衡值，如图 3-57 和图 3-58 所示。

 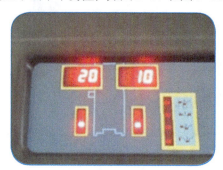

图 3-57　启动 图 3-58　不平衡值

步骤四：转动车轮，依次使显示面板上内外侧不平衡指示灯全亮，如图3-59所示，即可在车轮内外侧的正上方（时钟12点的位置）安装与显示数值相等的平衡块，如图3-60～图3-62所示。

图3-59　指示灯全亮

图3-60　平衡块

图3-61　内侧安装平衡块

图3-62　外侧安装平衡块

步骤五：再次按"启动"键，检测不平衡值，直至显示面板显示的数值为"0"为止，此时车轮动平衡即为正常，如图3-63所示。

步骤六：拆下转轴上的锁紧螺母，取下车轮，如图3-64所示。

图3-63　正常值

图3-64　取下车轮

扒胎机操作

轮胎修复

动平衡检测

轮胎安装

 **实操任务单**

轮胎的更换与动平衡作业工单		
维修班组：＿＿＿＿＿ 维修技师甲：＿＿＿＿＿ 维修技师乙：＿＿＿＿＿ 质检员：＿＿＿＿＿		
整车型号		
车辆识别代码		
发动机型号		
任务	**作业记录内容**	**备注**
一、前期准备	安装三件套、翼子板布和前格栅布。□ 设备场地准备。□ 工位卫生清理干净。□	环车检查车身状况
二、安全检查	驻车制动器及挡位。□ 举升位置的选择。□ 举升机的正确使用、保险。□ 弹簧拆装工具的安全操作。□ 现场安全确认。□	
三、标准参数问答	车轮的不平衡量最大不超过多少？＿＿＿＿＿ g 轮胎花纹磨损极限是？＿＿＿＿＿ 前轮胎压多少？＿＿＿＿＿ kPa 后轮胎压多少？＿＿＿＿＿ kPa 进行轮胎换位周期？＿＿＿＿＿ km	
四、工具的选用、使用、摆放	工具选用：＿＿＿＿＿＿＿＿＿＿＿＿＿＿ 工具使用规范（型号、用力方向、力矩、摆放整齐）： ＿＿＿＿＿＿＿＿＿＿＿＿＿＿＿＿＿＿＿＿＿ ＿＿＿＿＿＿＿＿＿＿＿＿＿＿＿＿＿＿＿＿＿ ＿＿＿＿＿＿＿＿＿＿＿＿＿＿＿＿＿＿＿＿＿	

任务	作业记录内容	备注
五、轮胎更换	放尽轮胎内空气。□ 取下轮辋边缘的平衡块。□ 清理轮胎和轮辋接触面的污物和杂质。□ 轮胎规格选择。□ 拆装过程在轮辋边缘涂润滑剂（肥皂水）。□ 扒胎机规范使用：_____ _____ _____ 新换好轮胎检查漏气情况。□	
六、动平衡检测	检查轮胎气压、磨损、有无污物。□。 取下轮辋边缘的旧平衡块。□ 根据轮辋内圆大小选择合适的锥度盘。□ 数据测量、输入。□ 平衡仪正确使用：_____ _____ _____ _____ 新平衡块选择：_____ 新平衡块安装（位置、松动）：_____	
七、竣工检查	将工具及物品摆放归位。□ 汽车整体检查（复检）。□ 整个考核过程按 6S 管理要求实施。□	

工单记录员：_____ 车间主任：_____

客 户 签 字：_____ 维修时间：_____

任务四　悬架的检修

学习目标

（1）了解汽车悬架的组成。

（2）了解汽车悬架的分类。

（3）掌握汽车悬架的拆装方法。

 **相关知识**

一、汽车悬架的作用及组成

悬架是车架（或承载式车身）与车桥（或车轮）之间的所有传力连接装置的总称。其作用是传递力矩、缓冲和减震，以保证汽车能平顺地行驶。悬架一般由弹性元件、减震元件、导向机构等组成。

1. 弹性元件

弹性元件是利用材料本身的弹性性能及结构特点来完成一定功能的元件。汽车悬架系统所使用的弹性元件分为金属弹簧（如钢板弹簧、螺旋弹簧和扭杆弹簧）和非金属元件（如橡胶弹簧和气体弹簧）。螺旋弹簧（见图3-65）广泛用于独立悬架，但某些非独立悬架（后轮）也用螺旋弹簧；圆柱形螺旋弹簧结构简单，制造方便，应用最广。

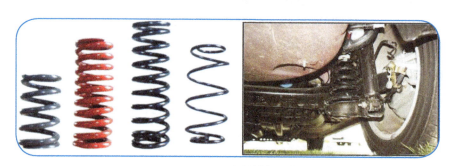

图3-65　螺旋弹簧

2. 减震器

减震器的基本工作原理是利用油液流动产生的阻力来消耗冲击震动的能量。减震器能够迅速衰减汽车行驶中所产生的震动，提高汽车行驶的平顺性和稳定性。为改善汽车行驶的平顺性，悬架中与弹性元件并联安装液力减震器，如图3-66所示。

目前车辆上大都使用双向作用减震器（见图3-67），在压缩和伸张两个行程中均能起减震作用。其工作原理是当车架（或车身）和车桥间震动而出现相对运动时，减震器内的活塞上下移动，减震器腔内的油液便反复地从一个腔经过不同的孔隙流入另一个腔内。此时孔壁与油液间的摩擦和油液分子间的内摩擦对震动形成阻尼力，使汽车震动能量转化为油液热能，再由减震器吸收散发到大气中。在油液通道截面不变时，阻尼力随车架与车桥（或车轮）之间的相对运动速度增减，并与油液黏度有关。

3. 导向机构

导向机构（见图3-68）是传力机构，其作用：一是传递各个方向的力和力矩；二是使车轮按一定轨迹相对于车架和车身跳动。汽车在行驶过程中车轮的运动轨迹应符合一定要求，否则对汽车某些行驶性能有不利影响。

图 3-66　减震器

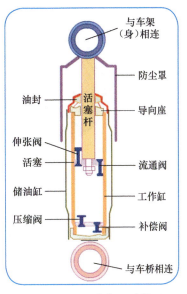

与车架（身）相连

防尘罩

油封

活塞杆

导向座

伸张阀

活塞

流通阀

储油缸

工作缸

压缩阀

补偿阀

与车桥相连

图 3-67　双向作用减震器

减震器的工作原理

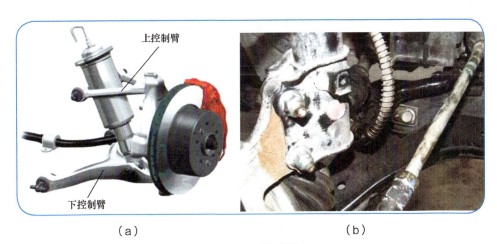

上控制臂

下控制臂

（a）　　　　　　　　　　　　（b）

图 3-68　导向机构

4. 横向稳定杆

横向稳定杆（见图 3-69）的作用：当两侧悬架变形不等而车身相对于路面横向倾斜时，稳定杆一端向上运动，另一端向下运动，从而被扭转。弹性稳定杆所产生的扭转内力矩妨碍了悬架弹簧的变形，因而减小了车身的横向倾斜和横向角震动。

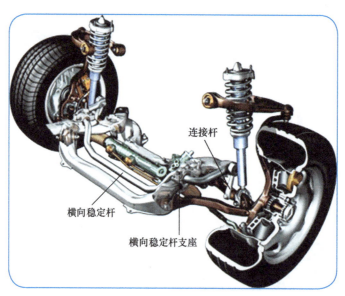

连接杆

横向稳定杆

横向稳定杆支座

图 3-69 横向稳定杆

二、悬架的分类

汽车悬架的形式分为非独立悬架和独立悬架两种。

1. 非独立悬架

（1）钢板弹簧式非独立悬架。如图 3-70 所示，钢板弹簧被用做非独立悬架的弹性元件，由于它兼起导向机构的作用，使得悬架系统大为简化。这种悬架广泛用于货车的前、后悬架中。它中部用 U 形螺栓将钢板弹簧固定在车桥上。悬架前端为固定铰链，也叫死吊耳。它由钢板弹簧销钉将钢板弹簧前端卷耳部与钢板弹簧前支架连接在一起，前端卷耳孔中为减少摩损装有衬套。后端卷耳通过钢板弹簧吊耳销与后端吊耳与吊耳架相连，后端可以自由摆动，形成活动吊耳。当车架受到冲击、弹簧变形时，两卷耳之间的距离有变化的可能。

对于前后均为此类悬架的火车，为了加速震动的衰减，改善驾驶员的乘坐舒适度，一般会在前悬架上安装减震器，而后悬架则不一定会有减震器。

（2）主副簧式钢板弹簧非独立悬架。货车后悬架所受到的载荷因汽车实际装载量的不同变化范围很大，为了保持车身固有频率变化很小，悬架的刚度应是可变的，为了实现此功能，一般措施是在后悬架中加装副簧。

如图 3-71 所示，载荷不大时，只有主簧工作，当载荷继续增大，直至副簧与支座接触时，两弹簧同时起作用，使悬架的总刚度变大，以保证固有频率变化不大，但这种悬架在副簧起作用的瞬间，悬架刚度突然增加，对汽车平顺性不利。

图 3-70 钢弹簧非独立悬架

图 3-71 主副簧式钢板弹簧非独立悬架

（3）螺旋弹簧非独立悬架。如图3-72所示，因为螺旋弹簧作为弹性元件，只能承受垂直载荷，所以其悬架系统要加设导向机构和减震器，一般只用做轿车的后悬架。

（4）空气弹簧非独立悬架。汽车在行驶时由于载荷和路面的变化，要求悬架刚度随着变化。当空车时车身被抬高，满载时车身则被压得很低，会出现撞击缓冲块的情况。因而对于不同类型汽车提出不同的要求，矿山及大型客车要求其空车与满载时的车身高度变化不大；对于轿车要求在好路上降低车身高度，提高车速行驶，在坏路上提高车身，可以增大通过能力。因而要求车身高度随使用要求可以调节。

图3-72　螺旋弹簧非独立悬架

空气弹簧非独立悬架可以很容易的实现车身高度的自动调节。一般用随着载荷的不同而改变空气弹簧内空气压力的方法达到这个目的。

（5）油气弹簧非独立悬架。相对其他弹簧而言，油气弹簧非独立悬架具有体积小、质量轻、承载能力强、容易实现车身高度调节并兼有阻尼减震和自润滑等特点。与传统的被动悬架相比，其基本功用是相同的，只是加入液压传动控制技术，形成与传统的被动悬架有所区别。

油气弹簧非独立悬架的优点是具有非线性变刚度特性和非线性阻尼特性，易于实现车身高度调节，油气弹簧的单位储能比其他弹簧较大，因为减震器置于悬架缸内，故不需制造专用减震器；拥有刚性闭锁，可使车辆承受较大负荷。

油气弹簧非独立悬架集众多优点于一身，相应的缺点是制造维护成本高，需要配置额外控制装置来进行控制。

2. 独立悬架

独立悬架（见图3-73）的车轴分为两段，每只车轮用螺旋弹簧独立地安装在车架（或车身）下面，当一边车轮发生跳动时，另一边车轮不受波及，汽车的平稳性和舒适性好。但这种悬架构造较复杂，承载力小。现代轿车前后悬架大都采用了独立悬架，并已成为一种发展趋势。

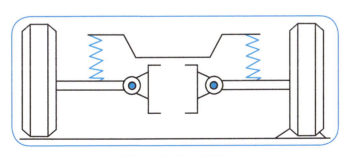

图3-73　独立悬架

（1）横臂式独立悬架。横臂式独立悬架是车轮在汽车横向平面内摆动的悬架，按横臂数量分为单横臂式和双横臂式独立悬架。

单横臂式独立悬架（见图3-74）的特点是当悬架变形时，车轮平面将产生倾斜而改变两侧车轮与路面接触点间的距离——轮距，致使轮胎相对于地面侧向滑移，破坏轮胎和地面的附着力，此外，这种悬架用于转向轮时，会使主销内倾角和车轮外倾角发生较大的变化，对于转向操纵有一定影响，故目前在前悬架中很少采用。但是，由于其结构简单、紧凑、布置方便等原因在车速不太高的重型越野汽车上也有采用的。

使用双横臂式独立悬架（见图3-75）的车辆，当车轮上下跳动时，车轮平面没有倾斜，但轮距却发生了较大的变化，这将增加车轮侧向滑移的可能性。不等长双横臂式独立悬架中，如果两臂长度选择适当，可以使车轮和主销的角度以及轮距的变化都不太大，不大的轮距变化在轮胎较软时可以由轮胎变形来适应。目前轿车的轮胎可容许轮距的改变在每个车轮上达到4～5mm而不致沿路面滑移，因此，不等长的双横臂式独立悬架在轿车前轮上的应用较为广泛。

图3-74　单横臂式独立悬架

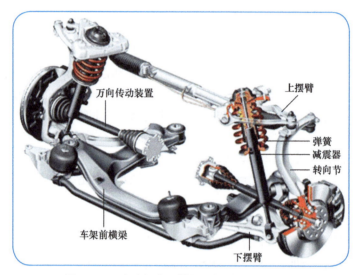

图3-75　奥迪轿车不等长双横臂式独立悬架

（2）纵臂式独立悬架。车轮在汽车纵向平面内摆动的悬架称为纵臂式独立悬架，如图3-76所示。纵臂式独立悬架可分为单纵臂式独立悬架和双纵臂式扭杆弹簧独立悬架。

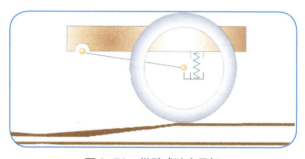

图3-76　纵臂式独立悬架

单纵臂式独立悬架（见图3-77）是由双向筒式减震器、螺旋弹簧和后桥桥架组成。纵向悬架臂作为纵向推力杆，而V形断面的后桥横梁允许扭转变形，可以兼起横向稳定杆的作用。转向轮采用单纵臂独立悬架时，车轮上下跳动将使主销后倾角产生很大变化。因此，单纵臂式独立悬架一般多用于不转向的后轮，如富康、桑塔纳、捷达轿车的后悬架都属于单纵臂式独立悬架。

双纵臂式扭杆弹簧独立悬架（见图3-78）的两个纵臂一般做成等长的，形成一个四杆结构，这样，当车轮上下跳动时主销的后倾角保持不变，双纵臂式悬架多应用在转向轮上。

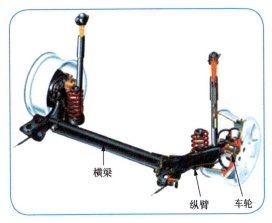

图3-77　单纵臂梁式独立悬架

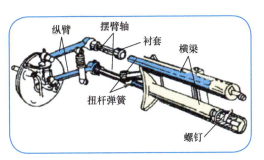

图3-78　双纵臂式扭杆弹簧独立悬架

（3）多连杆式独立悬架。它的连杆比一般悬架要多些，按惯例，一般都把4连杆或更多连杆结构的悬挂，称为多连杆式悬架。多连杆式悬架不仅可以保证拥有一定的舒适性，而且由于连杆较多，可以使车轮和地面尽最大可能保持垂直，尽最大可能减小车身的倾斜，尽最大可能维持轮胎的贴地性。

多连杆式独立悬架近些年比较流行。目前在中高档轿车上使用较多，但随着技术的发展，多连杆式后悬架也开始被用在紧凑型轿车上，成为了厂家宣传的卖点。多连杆式独立悬架能够更加精确地控制车轮与地面接触的角度，因此它是一种比较先进的后悬架结构方案。目前有福特福克斯、马自达、大众速腾等高端紧凑型车已采用这种后悬架设计，如图3-79所示。

图3-79　多连杆式独立悬架

（4）麦弗逊式独立悬架。麦弗逊式独立悬架是目前前置前驱轿车和某些轻型客车应用比较普遍的悬架结构形式。筒式减震器为滑动立柱，横摆臂的内端通过铰链与车身相连，外端通过球铰链与转向节相连。减震器的上端与车身相连，减震器的下端与转向节相连，车轮所受的侧向力大部分由横摆臂承受，其余部分由减震器活塞和活塞杆承受。筒式减震器上铰链的中心与横摆臂外端球铰链中心的连线为主销轴线，此结构也为无主销结构，如图3-80所示。

麦弗逊式独立悬架（见图3-81）也称为滑柱连杆式悬架，由双向筒式减震器、螺旋弹簧、悬架柱焊接件、缓冲垫、橡胶防尘罩等组成，其特点是筒式减震器作为悬架杆系的一部分兼起主销作用，滑柱在作为主销的圆筒内上下移动，减震器支柱座与车身连接取消了摇臂。这种悬架结构简单、布置紧凑、操纵稳定性好。缺点是易造成减震器漏油，使用寿命缩短。

（5）单斜臂式独立悬架。单斜臂式独立悬架的结构介于单横臂和单纵臂之间，它具有单横臂和单纵臂悬架的特点，多用于后轮驱动汽车的后悬架上。广州标致505型轿车的后悬架属于单斜臂式独立悬架，如图3-82所示。

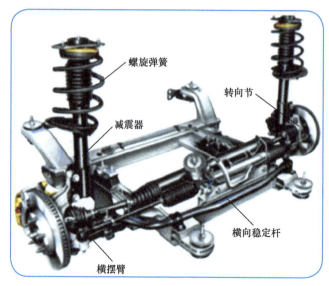

图 3-80　丰田佳美麦弗逊式独立悬架

（图中标注：螺旋弹簧、转向节、减震器、横向稳定杆、横摆臂）

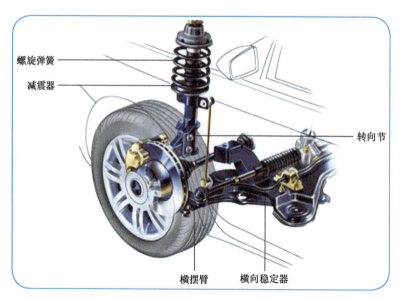

图 3-81　麦弗逊式独立悬架

（图中标注：螺旋弹簧、减震器、转向节、横摆臂、横向稳定器）

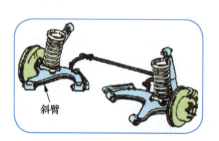

（图中标注：斜臂）

图 3-82　单斜臂独立悬架

独立悬架

任务实施

操作一　前减震的更换

步骤一：拆前减震总成。

拧下减震器上部固定螺母和下部固定螺栓，拿下减震器总成，如图 3-83 和图 3-84 所示。

图 3-83　减震器上部螺栓

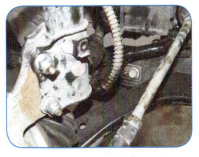

图 3-84　减震器下部固定螺栓

步骤二：前减震总成分解。

（1）把减震器固定在专用工具上，拆卸防尘罩。压缩螺旋弹簧，直到弹簧上的绝缘盖几乎不受张力，拆卸前减震器自锁螺母，从减震器上拆卸绝缘垫、弹簧上座，如图 3-85 和图 3-86 所示。

图 3-85　压缩弹簧

图 3-86　拆卸绝缘垫、弹簧上座

（2）松开压缩弹簧，直到弹簧不再受力，取下弹簧、防尘罩和橡胶块，如图 3-87 和图 3-88 所示。

图 3-87　取下弹簧

图 3-88　取下防尘罩和橡胶块

提示

使用减震器专用工具时，一定要把螺旋弹簧安装到位，否则会造成人身伤害。

步骤三：检查。

检查减震器绝缘轴承是否磨损或损坏、橡胶部件是否损坏或恶化，压缩和拉伸活塞杆，在工作期间检查是否有阻力或有异常噪声，如图3-89和图3-90所示。

图3-89　橡胶部件

图3-90　压缩和拉伸活塞杆

步骤四：装配。

（1）安装弹簧座块、缓冲块和防尘罩，如图3-91所示。

（2）把弹簧安装在下座上，使用专用工具压缩弹簧，如图3-92所示。

图3-91　装防尘罩

图3-92　压缩弹簧

（3）安装弹簧上座的胶垫，使凸出的部位插入座口内。安装弹簧上座和绝缘垫、拧紧自锁螺母，从专用工具上取下支撑杆总成，把防尘盖盖上，如图3-93和图3-94所示。

图3-93　安胶垫、拧螺母

图3-94　取下支撑杆总成

步骤五：装车。

提示

汽车更换完悬架装置后，需要做四轮定位。

操作二　前轮轴承的更换

步骤一：拆卸前轮毂总成。

依次拆下半轴大螺母、轮速传感器、制动分泵、制动盘、上下摆臂球头等，如图3-95~图3-100所示。

图3-95　拆下半轴大螺母

图3-96　拆轮速传感器

图3-97　拆制动分泵

图3-98　拆制动盘

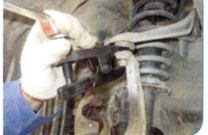

图3-99　拆上摆臂球头

图 3-100　前轮毂总成

步骤二：拆卸前轮轴承。

（1）使用手动压床将轮毂轴承中间的法兰从转向节中压出，如图 3-101 和图 3-102 所示。

图 3-101　压床

图 3-102　中间法兰

（2）用十字螺丝刀将防尘底板从转向节上拆下，如图 3-103 所示。

（3）用卡簧钳拆卡簧，如图 3-104 所示。

图 3-103　拆防尘底板

图 3-104　拆卡簧

（4）将转向节置于手动压床压出轴承，如图 3-105 和图 3-106 所示。

图 3-105　压轴承

图 3-106　前轮轴承

提示

使用手动压床压法兰盘和轴承时，应选用形状大小合适的垫块。

步骤三：安装前轮轴承。

（1）清洁轴承座孔及卡簧槽，并在轴承座孔内涂上少量润滑脂，如图3-107和图3-108所示。

图3-107　清洁轴承座孔及卡簧槽

图3-108　润滑轴承座孔

（2）用压床将新轴承压入轴承孔直至卡簧槽完全露出，装上卡簧，如图3-109和图3-110所示。

图3-109　压入新轴承

图3-110　装卡簧

（3）用十字螺丝刀安装防尘底板，用手动压床将转向节法兰压入轴承内孔，压入后转动法兰应能灵活转动无卡滞，如图3-111和图3-112所示。

图3-111　安装防尘底板

图3-112　转向节法兰压入轴承内孔

步骤四：前轮毂总成的安装。

与拆卸顺序相反，在此就不再一一重复。

减震器的性能检查

减震器的更换与安装

 实操任务单

减震器的检查更换作业工单		
维修班组：_____　维修技师甲：_____　维修技师乙：_____　质检员：_____		
整车型号		
车辆识别代码		
发动机型号		
任务	**作业记录内容**	**备注**
一、前期准备	正确组装三件套（方向盘套、座套、换挡手柄套）、翼子板布和前格栅布。□ 工位卫生清理干净。□	环车检查车身状况
二、安全检查	拉紧驻车制动器。□ 举升位置的选择。□ 举升机的正确使用、保险。□ 弹簧拆装工具的安全操作。□	
三、标准参数	下摆臂球头螺栓力矩：_____N·m。 转向横拉杆球头螺栓力矩：_____N·m。 减震器座螺栓力矩：_____N·m。	
四、工具的选用、使用、摆放	1. 工具选用：_____ 2. 工具使用规范（型号、用力方向、力矩、摆放整齐）：_____	
五、拆卸过程	拆卸后零件未合理摆放。□ 拆卸过程：_____ _____ _____ 螺旋弹簧拆装工具使用：_____ _____ _____	

任务	作业记录内容	备注
六、安装过程	安装顺序：_____ 螺旋弹簧与减震器安装到位，配合。□ 球头开口销等一次性零件须换新零件。□ 按零件顺序及方向：_____ _____ 螺旋弹簧安装到位（装至凹槽内）。□ 按规定力矩拧紧。□	
七、竣工检查	将工具及物品摆放归位。□ 汽车整体检查（复检）。□ 整个过程按 6S 管理要求实施。□	
	工单记录员：_____ 车间主任：_____ 客 户 签 字：_____ 维修时间：_____	

任务五　行驶系统典型故障的排除

学习目标

掌握行驶系统常见故障的排除方法。

任务实施

汽车行驶系统典型故障主要有车辆跑偏、车轮摆振和轮胎异常磨损。故障部位主要有减震器、前轮定位、轮胎动平衡和杆系连接处。

操作一　车辆跑偏的检修

（1）故障现象。一部桑塔纳汽车行驶时，稍松转向盘，汽车就会自动偏向另一边，必须用力握住转向盘，才能保证车辆的直线行驶。

（2）故障排除步骤如下。

① 检查两前轮的轮胎气压是否一致，如果不一致，则将其调整到标准值

② 触摸跑偏一侧的制动鼓和轮毂轴承，如果过热，说明制动拖滞或轴承过紧，未发现异常

③ 观察汽车两侧的高度相同，表明两侧悬架弹簧的弹力正常

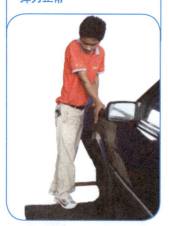

④ 压动车辆前端一侧，车身上、下震动2～3次后马上静止

⑤ 测量汽车两侧轴距，发现两侧轴距有偏差

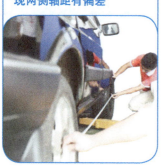

⑥ 检查调整前轮定位，调整汽车两侧轴距至标准值，故障排除

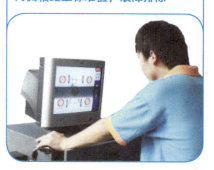

（3）车辆跑偏故障其他原因及检修方法如表3-1所示。

表 3-1　　　　　　　　　　车辆跑偏故障其他原因及检修方法

故障原因	检查方法	修理方法
下摆臂衬套松旷	观察，检查	更换
减震器缓冲块松旷	观察，检查	更换
左右轮胎规格不一致	观察，检查	更换

提示

（1）车辆跑偏的故障点很多，一般同时会伴随着车轮定位数据的变化。

（2）根据轮胎数据变化情况，可以找到相应的损坏部位。

操作二　车轮摆振的检修

（1）故障现象。汽车在中、高速或某一较高转速时，出现行驶不稳，严重时转向盘有震手

的感觉。

（2）故障排除步骤如下。

① 检查转向盘自由行程，在正常范围内

② 检查转向减震器未发现漏油痕迹，拆下推拉检查时，阻力正常

③ 检查前悬架减震器未漏油，推压车身减震性能正常

④ 检查传动轴未发现松动、弯曲等现象

⑤ 检测前轮定位时，发现轮胎有铅块脱落痕

⑥ 给轮胎做动平衡后试车，车轮摆振现象消失

（3）车轮摆振故障其他原因及检修方法如表3-2所示。

表3-2　　　　　　　　　　　　　车轮摆振故障其他原因及检修方法

故障原因	检查方法	修理方法
横拉杆球头松旷	观察，检查	更换
轮毂轴承松旷	观察，检查	更换或调整
半轴内外万向节磨损松旷	观察，检查	更换

（1）轮胎摆振现象，新车故障点多发生在轮胎方面。

（2）老车故障点很多，既要考虑轮胎方面，也要考虑悬架和转向机构。

操作三　轮胎异常磨损的检修

（1）故障现象。轮胎在使用中磨损速度加快，胎面出现单边磨损或花纹毛边。

（2）故障排除步骤如下。

① 检查轮胎气压，在规定值范围

② 检查轮胎动平衡，一切正常

③ 做四轮定位，发现定位参数不对

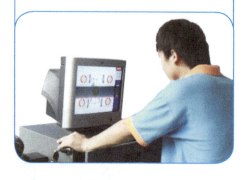

④ 经检查发现，下摆臂与转向节连接处松旷

⑤ 更换损坏下摆臂，重新做四轮定位

⑥ 装配完毕后，试车检查一切正常，故障排除

（3）轮胎异常磨损故障其他原因及检修方法如表 3-3 所示。

表 3-3　　　　　　　　　　　轮胎异常磨损故障其他原因及检修方法

故障原因	检查方法	修理方法
经常超载，起步过急	观察	注意正确驾驶方法
前梁或车架变形	观察，检查	更换或校正
车轮制动回位慢	观察，检查	应予排除

（1）不正确的驾驶方法，不按规定正确保养。会导致轮胎异常磨损。

（2）悬架系统、转向机构的各部件损坏，是导致轮胎异常磨损较多的原因。

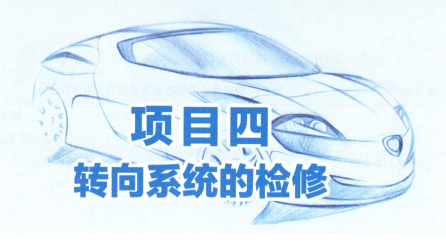

项目四
转向系统的检修

项目引入

　　近来卡卡发现一个现象，现在很多大公交车的司机都是女的。那么大的车，女司机能打得动转向吗？要解决这一疑惑，我们需要学习液压助力转向系统。

任务一　转向系统的认知

 学习目标

（1）了解汽车转向系统的功用。
（2）掌握汽车转向系统的组成和分类。

 相关知识

一、汽车转向系统的功用与分类

1. 汽车转向系统的功用

　　用来改变和保持汽车行驶方向的一系列装置，称为汽车转向系统，如图4-1所示。汽车转向系统的功能就是按照驾驶员的意愿控制汽车的行驶方向。汽车转向系统对汽车的行驶安全至关重要，因此汽车转向系统的零件都称为保安件。

2. 汽车转向系统的分类

　　汽车转向系统可分为机械转向系统和动力转向系统。完全靠驾驶员手力操纵的转向系统称为机械转向系统。借助动力来操纵的转向系统称为动力转向系统。动力转向系统又可分为液压助力动力转向系统和电动助力动力转向系统。本项目只介绍机械转向系统。

二、机械转向系统的组成及形式

机械转向系统以驾驶员的体力作为转向能源，其中所有传力件都是机械的。机械转向系统由转向操纵机构、转向器和转向传动机构三大部分组成。

当前轮为独立悬架时，机械转向系统的组成及布置，如图4-2所示。

图4-1　汽车转向系统

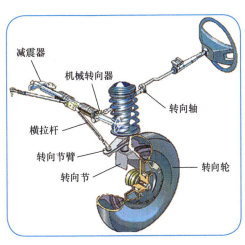

图4-2　独立悬架机械转向系统

当前轮为非独立悬架时，机械转向系统的组成及布置如图4-3所示。由于转向盘距离转向器较远，二者之间用万向节和传动轴构成的万向传动装置相连。

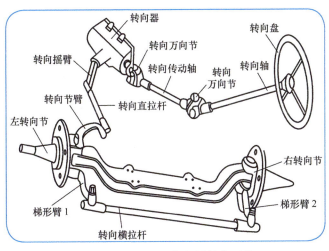

图4-3　非独立悬架机械转向系统

1. 转向操纵机构

转向盘到转向器之间所有零部件总称为转向操纵机构。如图4-4所示，汽车转向操纵机构由转向盘、转向轴、转向管柱等组成，它的作用是将驾驶员转动转向盘的力传给转向器。

（1）转向盘。转向盘是汽车操纵行驶方向的轮状装置。转向盘一般通过花键与转向轴相连。转向盘由盘缘、盘辐和盘毂组成。转向盘毂的细牙内花键与转向轴连接，转向盘上都装有扬声器按钮，有些轿车的转向盘上还装有车速控制开关和安全气囊，如图4-5所示。

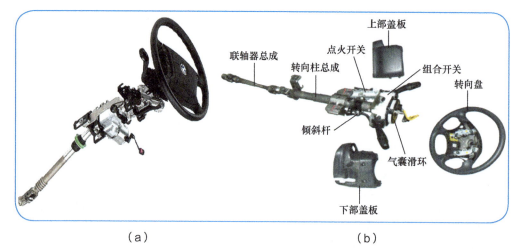

（a）　　　　　　　　　　　　　（b）

图4-4　转向操纵机构

图4-5　转向盘构造

提示　随着汽车技术的发展，转向盘的功能越来越多样化，不但有音响、巡航控制开关，甚至有的汽车公司把仪表指示也安装在转向盘上。

（2）转向轴、转向柱管及其吸能装置。转向轴是连接转向盘和转向器的传动件，转向柱管固定在车身上，转向轴从转向柱管中穿过，支承在柱管内的轴承和衬套上。现代汽车的转向轴除装有挠性万向节外，有的还装有能改变转向盘工作角度和高度的机构，以方便不同体型驾驶员操纵，如图4-6所示。

图 4-6　汽车转向柱

　　轿车除要求装有吸能式转向盘外，还要求转向柱管必须装备能够缓和冲击的吸能装置。转向轴和转向柱管吸能装置的基本工作原理：当转向轴受到巨大冲击而产生轴向位移时，通过转向柱管或支架产生塑性变形、转向轴产生错位等方式，吸收冲击能量。

　　转向轴错位缓冲：转向轴分为上、下两段，中间用柔性联轴节连接，如图 4-7 所示。联轴节的上、下凸缘盘靠两个销子与销孔扣合在一起。销子通过衬套与销孔配合。当发生猛烈撞车时，将引起车身、车架产生严重变形，导致转向轴、转向盘等部件后移。与此同时，在惯性作用下，驾驶员人体向前冲，致使转向轴上的上、下凸缘盘的销子与销孔脱开，从而缓和了冲击，吸收了冲击能量从而有效地减轻了驾驶员的受伤程度。

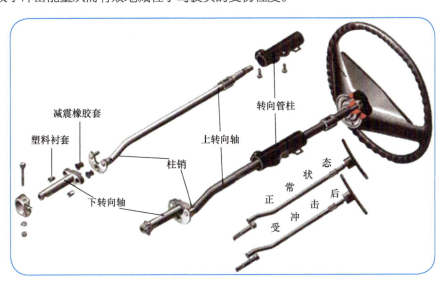

图 4-7　桑塔纳转向盘与转向轴

2. 转向器

　　转向器又名转向机、方向机，它是转向系中最重要的部件。它的作用是增大转向盘传到转向传动机构的力和改变力的传递方向。目前较常用的有齿轮齿条式转向器、循环球式转向器、蜗杆曲柄指销式转向器等。

　　（1）齿轮齿条式转向器。齿轮齿条式转向器是以齿轮和齿条传动作为传动机构，分为两端输出式和中间（或单端）输出式两种。它适合与麦弗逊式独立悬架配用。目前，轿车普遍采用的都是齿轮齿条式转向器，如图 4-8 所示。

　　（2）循环球式转向器。循环球式转向器是目前国内外应用最广泛的结构形式之一。它一般有两级传动副，第一级是螺杆螺母传动副，第二级是齿条齿扇传动副。为了减少转向螺杆转向螺母之间的摩擦，二者的螺纹并不直接接触，其间装有多个钢球，以实现滚动摩擦，如图 4-9

所示。转向螺杆和螺母上都加工出断面轮廓为两段或三段不同心圆弧组成的近似半圆的螺旋槽。二者的螺旋槽能配合形成近似圆形断面的螺旋管状通道。螺母侧面有两对通孔，可将钢球从此孔塞入螺旋形通道内。转向螺母外有两根钢球导管，每根导管的两端分别插入螺母侧面的一对通孔中。导管内也装满了钢球。这样，两根导管和螺母内的螺旋管状通道组合成两条各自独立的封闭钢球流道。转向螺杆转动时，通过钢球将力传给转向螺母，螺母即沿轴向移动。同时，在螺杆及螺母与钢球间的摩擦力作用下，所有钢球便在螺旋管状通道内滚动，形成球流。在转向器工作时，两列钢球只是在各自的封闭流道内循环，不会脱出。

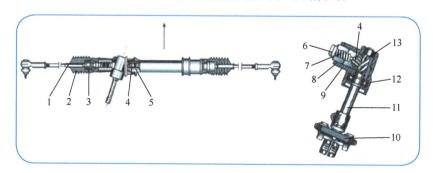

图 4-8　齿轮齿条式转向器
1—转向横拉杆；2—防尘罩；3—球头座；4—转向齿条；5—转向器壳体；6—调整螺塞；7—压紧弹簧；
8—锁紧螺母；9—压块；10—万向节；11—转向齿轮轴；12—向心球轴承；13—滚针轴承

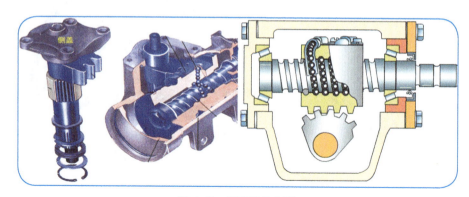

图 4-9　切诺基转向器

（3）蜗杆曲柄指销式转向器。蜗杆曲柄指销式转向器（见图4-10）具有梯形截面螺纹的转向蜗杆，支撑在转向器壳体两端的球轴承上，蜗杆与锥形指销相啮合，指销用双列圆锥滚子轴承支于摇臂轴内端的曲柄孔中。当转向蜗杆随转向盘转动时，指销沿蜗杆螺旋槽上下移动，并带动曲柄及摇臂轴转动。

3. 转向传动机构

从转向器到转向轮之间的所有传动杆件总称为转向传动机构，它主要由转向摇臂、转向直拉杆、转向节臂，左右梯形臂、转向横拉杆等组成。转向传动机构的组成和布置，因转向器位置和转向轮悬架类型而各异。

（1）与非独立悬架配用的转向传动机构布置方式有后置式、前置式、转向直拉杆横置式，如图4-11所示。

（2）与独立悬架配用的转向传动机构布置方式。当转向轮独立悬挂时，每个转向轮都需要相对于车架做独立运动，因而转向桥必须是断开式的。与此相应地，转向传动机构中的转向梯形也必须是断开式的，如图4-12所示。

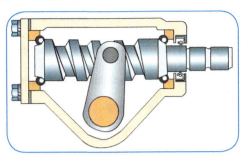

图4-10 蜗杆曲柄指销式转向器

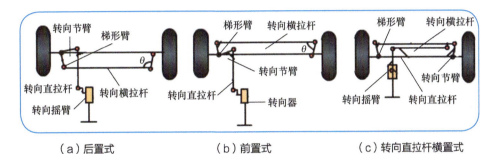

（a）后置式　　　　　　（b）前置式　　　　　（c）转向直拉杆横置式

图4-11 非独立悬架转向传动机构布置方式

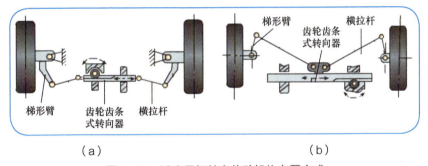

（a）　　　　　　　　　　　　　　（b）

图4-12 独立悬架转向传动机构布置方式

（3）转向摇臂。转向器通过转向摇臂与转向直拉杆相连。转向摇臂的大端用锥形三角细花键与转向器中摇臂轴的外端连接，小端通过球头销与转向直拉杆作空间铰链连接，如图4-13所示。

（4）转向直拉杆。转向直拉杆是转向摇臂与转向节臂之间的传动杆件，具有传力和缓冲作用，如图4-14所示。在转向轮偏转且因悬架弹性变形而相对于车架跳动时，转向直拉杆与转向摇臂及转向节臂的相对运动都是空间运动，为了不发生运动干涉，三者之间的连接件都是球头销。

图4-13 转向摇臂

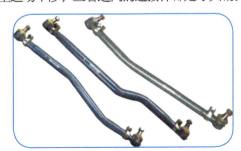

图4-14 转向直拉杆

（5）转向横拉杆。转向横拉杆是转向梯形机构的底边，由横拉杆体和旋装在两端的横拉杆接头组成，如图4-15所示。其特点是长度可调，通过调整横拉杆的长度，可以调整前轮前束。

横拉杆　接头

图4-15　转向横拉杆及球头

提示　转向横拉杆是重要的保安件，更换拉杆球头后，需做四轮定位。

（6）转向节臂和梯形臂。转向直拉杆通过转向节臂与转向节相连，转向横拉杆两端经左右梯形臂与转向节相连，转向节臂（见图4-16）和梯形臂带锥形柱的一端与转向节锥形孔相配合，臂的另一端带有锥形孔，与相应的拉杆球头销锥形孔相配合，用螺母紧固，插入开口销。

（7）转向减震器。随着车速的提高，现代汽车的转向轮有时会产生摆振（转向轮绕主销轴线往复摆动，甚至引起整车车身的震动），这不仅影响汽车的稳定性，而且还影响汽车的舒适性、加剧前轮轮胎的磨损。在转向传动机构中设置转向减震器是克服转向轮摆振的有效措施。转向减震器的一端与车身（或前桥）铰接，另一端与转向直拉杆（或转向器）铰接，如图4-17所示。

图4-16　转向节臂

图4-17　转向减震器

三、转向盘的自由行程

转向盘为消除间隙、克服弹性变形所空转过的角度称为转向盘的自由行程。转向盘的自由行程有利于缓和路面冲击，避免驾驶员过度紧张造成跑偏，但不宜过大，否则将使转向灵敏性能下降。一般说来，转向盘从相应于汽车直线行驶的中间位置向任一方向的自由行程，最好不超过10°～15°。当零件磨损严重到使转向盘自由行程超过25°～30°时，必须进行调整。

任务二　液压助力转向装置的检修

（1）理解液压助力转向系统原理。
（2）掌握转向助力泵、助力油更换方法。

一、动力转向系统的组成及形式

1. 动力转向系统的作用

动力转向系统就是在机械转向系统的基础上加设一套转向加力装置而形成的。转向加力装置减轻了驾驶员操纵转向盘的力。转向能源来自驾驶员的体力和发动机（或电动机），其中发动机（或电动机）占主要部分，通过转向加力装置提供。正常情况下，驾驶员能轻松地控制转向。但在转向加力装置失效时，就回到机械转向状态，还能由驾驶员独立承担汽车转向任务，如图 4-18 所示。

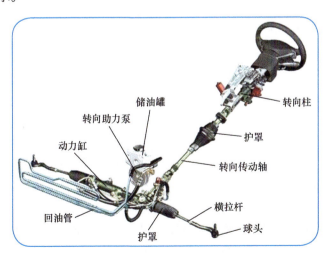

图 4-18　液压助力动力转向系统

2. 动力转向系统的组成

动力转向系统由机械转向系统、转向控制阀、转向动力缸、转向油泵、转向油罐等组成。

3. 动力转向系统的工作原理

在液压动力式转向系统中，转向助力的大小取决于作用在转向动力缸活塞上的压力大小，如果转向操作力较大，液压就会较高。转向动力缸中液压的变化是由连接在主转向轴上的转向控制阀来调节的。转向油泵将液压油输送至转向控制阀。如果转向控制阀处于中间位置（见图4-19（a）），所有的液压油便会流过转向控制阀，进入出油口，流回至转向油泵。由于这时几乎不能产生压力，转向动力缸活塞两端的压力又相等，活塞便不会朝任何一个方向运动，从而使车辆无法转向。如图4-19（b）所示，当驾驶员控制方向盘朝任何一个方向转动时，转向控制阀也随之移动，从而关闭其中一条油路，这时另一条油路打开得大些，使液压油流量发生变化，同时产生压力。这样，便会在转向动力缸活塞两端产生压力差，动力缸活塞朝低压方向运动，从而将动力缸中的液压油，通过转向控制阀压回转向油泵。

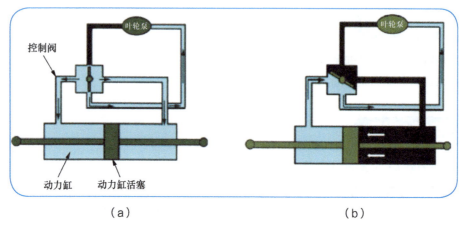

（a）　　　　　　　　　　　　　　　　　　（b）

图4-19　液压助力转向工作原理

4. 动力转向系统的分类

（1）动力转向系统按传能介质分为气压式与液压式，其中液压式又分为常压式与常流式。液压动力转向器的工作压力高、部件尺寸小、工作滞后时间短，而且能吸收来自不平路面的冲击。因此，其已在各类各级汽车上获得广泛应用。

（2）动力转向系统按转向控制阀阀芯运动方式可分为滑阀式与转阀式。

（3）动力转向系统按动力转向系统布置方式可分为整体式、组合式与分离式。

二、液压助力转向系统

1. 常压式液压助力转向系统

常压式液压式动力转向装置（见图4-20）在汽车直线行驶时，转向盘保持在中间位置，转向控制阀经常处于关闭位置，转向油泵输出的压力油充入储能器。当储能器压力增长到规定值后，转向油泵即自动卸载空转，从而使储能器压力得以限制在该规定值以下。当转动转向盘时，机械转向器即通过转向摇臂等杆件使转向控制阀转入开启位置。此时，储能器中的压力油即流入转向动力缸，动力缸输出的液压作用力，作用在转向传动机构上，以助机械转向器输出力之不足。转向盘一停止转动，转向控制阀便随之回到关闭位置，于是转向助力作用终止。

其特点是无论转向盘处于中立位置还是转向位置，也无论转向盘保持静止还是运动状态，系统工作管路中总是保持高压。

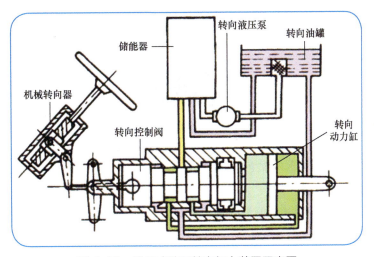

图 4-20　常压式液压转向加力装置示意图

2. 常流式液压助力转向系统

常流式液压式动力转向装置（见图 4-21）不转向时，转向控制阀保持开启，转向动力缸的活塞两边的工作腔，由于都与低压回油管相通而不起作用。转向油泵输出的油液流入转向控制阀，又由此流回油罐，转向油泵实际处于空转。当驾驶员转动转向盘时，转向动力缸的相应工作腔与回油管隔绝，转而与转向油泵输出管路相通，而动力缸的另一腔则仍与回油管相通。于是，转向油泵输出压力急剧增加，直到足以推动转向动力缸活塞为止。转向盘停止转动后，转向控制阀即回到中立位置，动力转向系统停止工作，转向车轮便不再偏转。

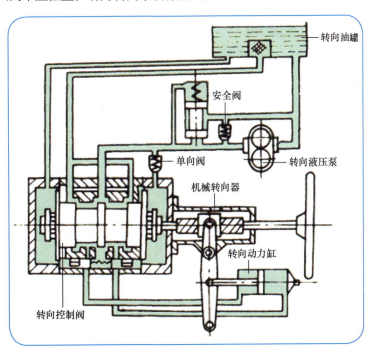

图 4-21　常流式液压转向加力装置示意图

其特点是转向油泵始终处于工作状态，但液压助力系统不工作时，其基本处于空转状态。由于机构简单，转向油泵寿命长，泄漏少，而且消耗功率也比较少，故应用较为广泛。

液压助力转向原理

三、液压助力转向装置的转向控制阀

1. 滑阀式转向控制阀

阀体沿轴向移动来控制油液流量的转向控制阀，称为滑阀式转向控制阀，简称滑阀，如图 4-22 所示

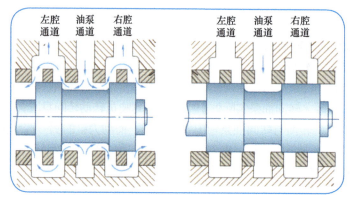

（a）常流式滑阀　　　　　　　（b）常压式滑阀

图 4-22　滑阀的结构和工作原理

2. 转阀式转向控制阀

阀体绕其轴线转动来控制油液流量的转向控制阀，称为转阀式转向控制阀，简称转阀，如图 4-23 所示。

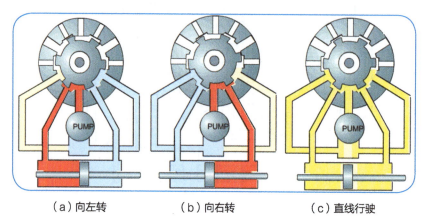

（a）向左转　　　　　　（b）向右转　　　　　　（c）直线行驶

图 4-23　转阀的结构和工作原理

四、液压动力转向装置布置形式

根据机械式转向器、转向动力缸和转向控制阀三者在转向装置中的布置和连接关系的不

同，液压动力转向装置分为整体式、组合式和分离式。

（1）整体式。机械式转向器、转向动力缸和转向控制阀三者设计为一体，如图4-24所示。

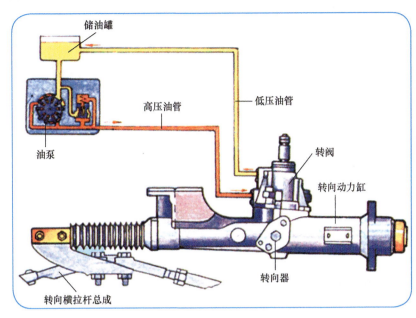

图 4-24　桑塔纳轿车液压转向系统

（2）组合式。把机械式转向器和转向控制阀设计在一起，转向动力缸独立。

（3）分离式。机械式转向器独立，把转向控制阀和转向动力缸设计为一体。

五、转向油泵

转向油泵是液压助力转向系统的供能装置，其作用是将输入的机械能转换为液压能输出。转向油泵的结构形式有齿轮式、叶片式、转子式、柱塞式等，其中外啮合齿轮式转向油泵应用较多。

1. 齿轮油泵

齿轮油泵是依靠密封在一个壳体中的两个或两个以上齿轮，在相互啮合过程中所产生的工作空间容积变化来输送液体的泵，如图4-25所示。

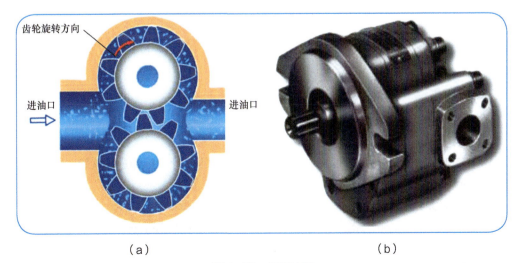

（a）　　　　　　　　　　　　　　　（b）

图 4-25　齿轮油泵

2. 叶片油泵

叶片油泵是转子槽内的叶片与泵壳相接触，将吸入的液体由进油侧压向排油侧的泵，如图 4-26 所示。

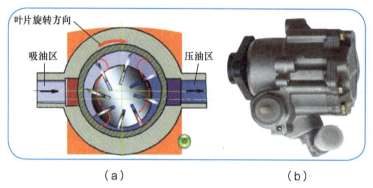

（a） （b）

图 4-26　叶片油泵

六、转向油罐和油管

转向油罐的作用是储存、滤清并冷却液压助力转向系统的工作油液。转向油管将压力油液从转向油泵传递给转向器，并将油液最终导回转向油罐，如图 4-27 所示。

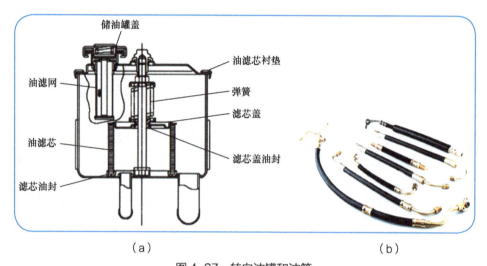

（a） （b）

图 4-27　转向油罐和油管

 任务实施

操作　转向助力泵拆装

步骤一：拆助力泵总成。

（1）拆卸助力泵总成的线束插头，从油泵上拆下高压软管，拆卸进油软管，并排油，如图 4-28 所示。

（2）拧松油泵固定螺栓，拧松张紧调整皮带螺栓，以便拆卸 V 形皮带，如图 4-29 所示。

（3）拧下动力转向泵固定螺栓与张紧调整螺栓，拆下转向油泵总成，如图 4-30 和图 4-31 所示。

步骤二：安装助力泵总成。

在油泵支架上安装油泵后，安装 V 形皮带，并调整张紧度，拧紧螺栓。安装高压管和进油软管，如图 4-32 和图 4-33 所示。

图 4-28　拆卸线束及油管

图 4-29　松油泵拆皮带

图 4-30　拆下油泵螺栓

图 4-31　油泵总成

图 4-32　安装油泵

图 4-33　检查调整皮带张紧

步骤三：放空气。

（1）使用动力转向油补充油至储油箱上"MAX"和"MIN"标记之间，如图 4-34 和图 4-35 所示。

（2）举升车辆到车轮离地。

（3）通过钥匙将点火开关从"ON"位置转到"START"位置，来回转动 1 ~ 2 次，但不起动发动机，使转向盘解锁，如图 4-36 所示。

（4）从左极限位置到右极限位置转动转向盘 5 ~ 6 次持续 15 ~ 20s，如图 4-37 所示。

（5）起动发动机并保持方向盘转动从左侧锁止至右侧锁止位置，直到在发动机怠速状态下，储液箱内停止出现气泡为止。

（6）检查动力转向油储油箱内的动力转向油颜色和油位，按需要向动力转向油储油箱内添充动力转向油直到油位达到"MAX"线。

图 4-34　加转向助力油

图 4-35　液面高度标线

图 4-36　转动点火开关

图 4-37　转动转向盘

提示　如果转动转向盘时，油位上下移动，停止发动机时油从储液罐中溢出或呈现白色，表示没有充分排出动力转向系统内的空气，按需要重复排气。

任务三　转向器的更换

 学习目标

（1）了解转向器结构。

（2）掌握转向器检修和拆装方法。

 任务实施

操作　转向器的更换

步骤一：拆卸转向器总成。

（1）依次拆卸车轮、两转向器横拉杆外球头、防尘罩和内球头，如图 4-38 和图 4-39 所示。

图 4-38　拆横拉杆外球头

图 4-39　拆横拉杆内球头

（2）拆卸转向器进、回油管，左右转动转向盘，将转向器内的液压油排出，如图 4-40 所示。

（3）转动转向盘至左侧极限位置并锁定转向盘，拆卸转向柱与转向器的花键横销螺栓，做好相互位置标记，如图 4-41 所示。

图 4-40　拆油管

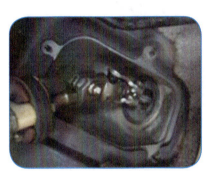

图 4-41　拆转向柱

（1）拆卸转向器进、回油管时应注意动力转向油液的回收。

（2）拆卸转向柱与转向器的花键横销螺栓时应做好安装标记，防止转向盘上安全气囊游丝损坏。

（4）拆下转向器两端与车身之间的固定螺栓，退出转向器与转向柱十字轴的连接花键，取出转向器。

步骤二：转向器的检修。

（1）检查转向器防尘套是否老化、裂纹、破损，如图 4-42 所示。

（2）检查转向器内外球头是否松旷，如图 4-43 所示。

（3）检查转向器油封是否老化漏油，配合间隙是否正常，必要时进行调整，如图 4-44 和图 4-45 所示。

步骤三：转向器的安装。

（1）举升车辆，将转向器装入机座，安装两侧固定支架及螺栓，如图 4-46 和图 4-47 所示。

图 4-42　检查转向器防尘套

图 4-43　检查转向器内外球头

图 4-44　检查转向器油封

图 4-45　检查配合间隙

图 4-46　装入机座

图 4-47　安装固定支架

（2）安装变速器排挡杆拉线及其防护盖，如图 4-48 所示。

（3）安装排气管（注意排气管垫的安装），如图 4-49 所示。

图 4-48　安装排挡杆拉线

图 4-49　安装排气管

（4）并锁紧锁片，同时安装防尘罩，卡上卡箍，如图4-50所示。

（5）安装横拉杆外球头，并将其与转向节固定。

（6）降下车辆，安装转向柱与转向器的万向节，如图4-51所示。

（7）安装转向器进回油管，加注转向助力油至标准位置、排空气。

（8）安装车轮，对各部件安装情况进行复检。

图4-50　安装转向器内球头

图4-51　安装转向柱

提示

（1）拆卸转向盘及前万向节连接部位应做对应记号，便于正确装配。有效防止左右转向角度发生改变。

（2）更换转向器后应对车辆进行四轮定位，以确保前轮定位准确。

转向器

转向机总成的拆装

转向助力油的更换

 **实操任务单**

转向机、助力油的更换作业工单			
维修班组：_____　维修技师甲：_____　维修技师乙：_____　质检员：_____			
整车型号			
车辆识别代码			
发动机型号			

任务	作业记录内容	备注
一、前期准备	安装三件套（方向盘套、座套、换挡手柄套）、翼子板布和前格栅布。□ 工具准备。□ ATF 油。□ 工位卫生清理干净。□	环车检查车身状况
二、安全检查	驻车制动器及挡位。□ 举升位置的选择。□ 举升机的正确使用。□ 现场安全确认。□	
三、标准参数问答	助力油更换周期是多少？＿＿＿＿＿＿＿ km 该车转向器采用何种类型的转向器？＿＿＿＿＿＿	
四、工具的选用、使用、摆放	工具选用：＿＿＿＿＿＿＿＿＿＿＿＿＿ ＿＿＿＿＿＿＿＿＿＿＿＿＿＿＿＿＿ 工具使用规范（型号、用力方向、力矩、摆放整齐）： ＿＿＿＿＿＿＿＿＿＿＿＿＿＿＿＿＿	
五、转向机拆卸	拆卸蓄电池。□ 放油。□ 将转向盘打正锁住转向盘锁。□ 方向机拆卸工艺：＿＿＿＿＿＿＿＿＿＿ ＿＿＿＿＿＿＿＿＿＿＿＿＿＿＿＿＿ ＿＿＿＿＿＿＿＿＿＿＿＿＿＿＿＿＿	
六、转向机安装	对准安装标记装配。□ 打正转向盘，使车轮处于直线行驶状态组装。□ 转向机安装工艺：＿＿＿＿＿＿＿＿＿＿ ＿＿＿＿＿＿＿＿＿＿＿＿＿＿＿＿＿ ＿＿＿＿＿＿＿＿＿＿＿＿＿＿＿＿＿	
七、加油及注意事项	扳手选择＿＿＿＿和＿＿＿＿号＿＿＿扳手。 油管安装技巧：＿＿＿＿＿＿＿＿＿＿＿ 力矩为＿＿＿＿N.m。 打正转向盘，使车轮处于直线行驶状态再加注转向油。□ 加注量＿＿＿＿＿＿＿＿和＿＿＿＿刻线之间。 加注转向助力油方法：＿＿＿＿＿＿＿＿ ＿＿＿＿＿＿＿＿＿＿＿＿＿＿＿＿＿ 检查转向系统密封性。□	查阅相关资料
八、竣工检查	将工具及物品摆放归位。□ 汽车整体检查（复检）。□ 整个考核过程未按 6S 管理要求实施。□	
	工单记录员：＿＿＿＿＿＿ 车间主任：＿＿＿＿＿ 客 户 签 字：＿＿＿＿＿＿ 维修时间：＿＿＿＿＿	

学习目标

（1）掌握转向沉重故障维修。

（2）掌握转向自由行程过大维修。

相关知识

　　汽车转向系统的典型故障有转向沉重、转向自由行程大、转向有异响等，故障部位机械转向主要有转向自由行程、转向传动机构连接处、转向器等。液压助力转向主要有转向泵、动力油缸、控制阀、转向油罐和油管。

　　故障一：转向沉重

　　（1）故障现象。汽车行驶中，驾驶员向左、右打转向盘时，感到沉重费力，无回正感，汽车低速转弯和调头时，转动转向盘感到非常沉重，甚至打不动。

　　（2）排除步骤如下。

　　液压部分：

① 检查转向油罐内油量位置，正常

② 检查转向助力油管路，没有发现有空气现象

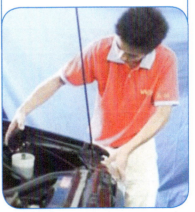

③ 检查转向泵传动带，无损坏或打滑现象

④ 检查油路，无堵塞或不畅现象

项目四　转向系统的检修

⑤ 拆下转向泵检查，发现磨损严重

⑥ 更换转向助力泵，装配完毕后，试车检查良好，故障排除

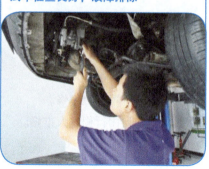

机械部分：

① 检查转向轮轮胎气压，在规定范围内

② 检查转向柱、转向管无变形现象

③ 检查转向器补偿弹簧和齿条，工作正常

④ 检查悬架支柱和转向臂，无变形现象

⑤ 检查横拉杆球铰配合，发现过紧，有润滑不良现象

⑥ 更换横拉杆球头，做四轮定位后试车，故障排除

（3）转向沉重故障其他原因及检修方法如表4-1所示。

表4-1 转向沉重故障其他原因及检修方法

故障原因	检查方法	修理方法
车轮定位不准	检查	调整
转向器润滑不良	观察，检查	润滑
转向器轴承调整过紧	观察，检查	调整
转向助力油规格不对	观察，检查	更换
调节阀失效，使输出压力过低	观察，检查	更换或调整
转向机构调整不当	观察，检查	调整

提示

（1）将转向盘向左右极限位置来回转动，如果左右助力不同，故障在控制阀。

（2）如果左右转向都沉重，故障在转向泵、液压缸或转向机构。

（3）转向沉重根本的原因在于转向轮气压不足或定位不准。

（4）转向传动链中出现配合过紧或卡滞而引起磨擦阻力增大。

故障二：转向自由间隙过大

（1）故障现象。汽车保持直线行驶时，转向盘左右转动的游动角度太大。具体表现为汽车转向时感觉松旷量很大，需用较大幅度转动方向盘，方能控制汽车行驶方向。

（2）排除步骤如下。

① 检查转向盘与转向轴连接部位，无松旷现象

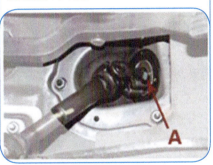
② 检查转向轴与转向器连接部位，未发现有松旷现象

③ 检查转向器主、从动齿合部位间隙，无过大现象

④ 检查转向柱与转向节臂，无松旷现象

⑤ 检查横拉杆球头与转向器连接部位，发现严重磨损有松旷现象

⑥ 更换横拉杆内球头，做四轮定位后试车，故障排除

（3）转向自由间隙过大故障其他原因及检修方法如表4-2所示。

表4-2　　　　　　　　　　　转向自由间隙过大故障其他原因及检修方法

故障原因	检查方法	修理方法
车轮轮毂轴承间隙大	观察，检查	调整
转向器轴承松旷	观察，检查	更换或调整
横拉杆臂与转向节连接处松旷	观察，检查	更换

提示

（1）造成转向盘自由行程过大的原因是转向系统传动链中一处或多处连接配合间隙过大。

（2）可从转向盘开始检查转向系统各部件的连接情况。

项目五
制动系统的检修

项目引入

有位车主开着一辆宝马轿车，制动报警灯亮，制动效果不明显。维修人员根据车主提供的信息对其车辆进行检查，检查发现前轮制动片磨损。告知需要更换的零部件，经过更换修理后，该现象不再出现。

要解决上述这个故障，我们必须先了解制动系统的工作原理及组成，然后在学习的过程中假设出现这种现状，维修人员应该怎么解决问题？并且拿出充分的依据告诉车主更换哪些零件？最后把问题解决。

任务一 制动系统的保养

 学习目标

（1）了解制动系统的作用、组成、分类。
（2）理解制动系统的工作原理。
（3）了解制动液的作用。
（4）能够更换制动液。
（5）能够完成制动系统的日常保养工作。

 相关知识

一、制动系统的基础知识

1. 制动系统的作用

制动系统可根据要求适时地使汽车减速、停车、驻车不动，并在下坡等路况下保持车速稳定。

2. 制动系统的形式

汽车制动系统一般包括行车制动系统和驻车制动系统。

3. 制动系统的类型

汽车制动系统统按传力介质不同分为机械式、液压式、气压式和气－液综合式。

4. 对制动系统的基本要求

为了保证汽车行使安全，发挥高速行驶的能力，制动系统必须满足下列要求。

（1）制动效能好（制动距离短、制动减速度快、制动时间短）。

（2）制动时，前后车轮制动力分配合理，左右车轮上的制动力应基本相等；方向稳定性好，不跑偏、不侧滑。

（3）制动平顺性好。制动时应柔和、平稳；解除时应迅速、彻底。

（4）散热性好、操纵轻便、调整方便。这要求制动蹄摩擦片抗高温能力强，潮湿后恢复能力快，磨损后间隙能够调整，并能够防尘、防油。

二、制动系统的工作原理

踩下制动踏板，总泵推杆向右移动，总泵活塞随之右移，活塞前端制动液被压缩进入制动分泵，两分泵活塞推动两制动蹄上端向两边张开，消除制动间隙，利用制动蹄摩擦片和制动鼓之间的摩擦作用产生制动力，阻止车轮转动，最终使汽车停下来。松开制动踏板，踏板、总泵推杆在回位弹簧的作用下回位，总泵活塞、两制动蹄在回位弹簧的作用下也回位，压缩分泵两活塞回位，制动液回到储液罐，制动力解除，如图 5-1 所示。

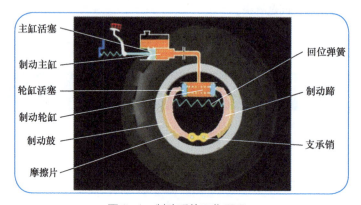

图 5-1　制动系统工作原理

三、制动液

制动液又称制动油，它是汽车液压制动系统中传递制动压力的液态介质，使用在采用液压制动系统的车辆中，如图 5-2 所示。

图 5-2　制动液

（1）制动液的更换周期。因为制动液极易吸附空气中的水分，造成制动管路水蒸气堆积，导致制动力效果变差，所以要求2年之内必须更换一次制动液。有时汽车使用较多，未到2年但里程数已足够多，造成制动液肮脏，所以在汽车行驶4万km时也要更换制动液。

（2）制动液选用原则。新的制动液是无色透明的，略带淡淡的黄色，而旧的制动液发黑，如图5-3所示。选用制动液时要注意添加车辆规定牌号的制动液（车辆使用制动标号在制动液储液罐盖上清楚标出），且加至"MAX"处，如图5-4所示。

图5-3　制动液对比（从左到右依次旧制动液、清水、新制动液）

图5-4　储液罐盖制动液牌号与刻度线标记

 任务实施

操作　更换制动液

步骤一：放出旧制动液。

（1）打开引擎盖，拧开储液罐壶盖，如图5-5所示。

（2）取下制动分泵排气孔的防尘罩，并用透明软管连接到排空气螺栓和回收容器之间。

（3）拧松各制动分泵排空气螺栓，踩下制动踏板，将旧的制动液放出后拧紧，如图5-6所示。

图5-5　拧开壶盖

图5-6　拧松分泵排空气螺栓

步骤二：加油、排空气。

（1）添加新制动液至规定位置，如图5-7和图5-8所示。

图5-7　加制动液

图5-8　刻线

（2）两人配合，一人在车内踩制动踏板数次感到比较重后踩到底不松，另一人拧松分泵排气螺栓，直至放气孔流出的制动液无气泡为止，如图5-9和图5-10所示。

图5-9　踩制动踏板

图5-10　拧放气螺栓

（3）将储液罐内的制动液添加至规定高度。

（4）再次踩制动踏板数次，使系统压力恢复，并检查踏板高度及自由行程是否符合标准。

（5）举升车辆检查各分泵排气螺栓是否有泄漏现象，复检正常后，安装好各排气孔防尘罩。

提示

（1）在观察制动液颜色变化时，应随时观察储液罐液面。

（2）排放空气过程中应及时添加制动液，防止空气从制动总泵进入液压系统。

（3）排放各车轮空气时，应先排放后轮，再排放前轮，即"由远及近"原则。

 **实操任务单**

制动油更换作业工单		
维修班组:_____ 维修技师甲:_____ 维修技师乙:_____ 质检员:_____		
整车型号		
车辆识别代码		
发动机型号		
任务	作业记录内容	备注
一、前期准备	安装三件套、翼子板布和前格栅布。□ 工具(专用工具)准备。□ 设备(新制动片、制动油等)准备。□	环车检查车身状况
二、安全检查	检查驻车制动器及挡位。□ 安全使用举升机。□ 现场安全确认。□	
三、放制动油	工具使用规范(扳手型号)。□ 放制动油方法:_____ _____ 旧制动油的回收和处理。□	
四、加注制动油	制动油型号:_____ 储液罐盖制动液牌号与刻度线标记。□	
五、排空气	排空气位置:_____ 排空气顺序:_____ 排空气方法:_____ _____ _____	
六、检查	检查制动油(液面高度)。□ 恢复使制动片与制动盘制动间隙。□	
七、6S 管理规范	将工具及物品摆放归位。□ 汽车整体检查(复检)。□ 整个考核过程按 6S 管理要求实施。□	
工单记录员:_____ 车间主任:_____ 客户签字:_____ 维修时间:_____		

任务二　液压制动系统的检修

学习目标

（1）了解液压制动系统的工作原理和组成部件。
（2）了解真空助力器、总泵、分泵和车轮制动器基本结构。

相关知识

液压制动利用人力和发动机动力作为动力源。液压制动操纵省力、结构相对简单、制动平稳。现代汽车采用双管路液压制动装置，当一套管路发生故障时，另一条管路仍起制动作用。液压制动系统主要用于轿车、越野车、面包车等车型。

一、液压制动系统的工作原理

如图5-11所示，驾驶员踩下制动踏板时，在真空助力器的加力作用下，制动总泵的制动液经加压后沿图中实线管路先进入右前、左后制动器，随后，再经虚线管路进入左前、右后制动器，使各车轮制动器工作，产生制动力，使汽车减速甚至停车。

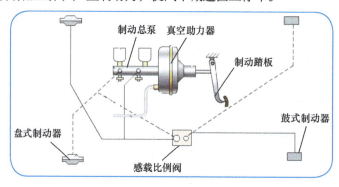

图5-11　液压制动系统示意图

二、液压制动系统的主要组成部件

液压制动系统的主要组成部件有真空助力器、串列双腔制动总泵、制动分泵、车轮制动器等，如图5-12所示。

图5-12　液压制动主要部件

1. 真空助力器

真空助力器（见图 5-13）位于制动踏板与制动总泵之间，它的主要作用是帮助驾驶员制动，使制动省力，制动前，A 腔、B 腔都是真空，空气阀座与橡胶阀门始终接触密封；制动时，控制阀推杆左移，到一定位置时，橡胶阀门与空气阀座分离，与膜片座接触，阀门上端还是密封，下端形成间隙，大气从图 5-14 所示位置进入 B 腔，与 A 腔真空形成气压差，最终，制动主缸推杆在气压差、橡胶反作用盘、膜片、膜片座的共同作用下前移，起真空助力作用，驾驶员感觉很省力。

图 5-13　真空助力器外部结构

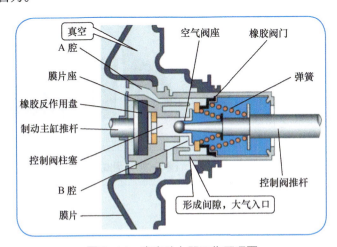

图 5-14　真空助力器工作原理图

2. 串列双腔制动总泵

现代汽车行车制动都采用双回路制动系，为了满足管路的布置要求，因此液压制动系统常采用串列双腔式制动总泵，它位于真空助力器的前端，如图 5-15 所示。

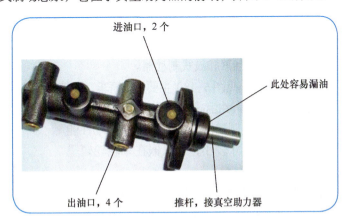

图 5-15　串列双腔制动总泵外部结构

制动时，踩下踏板，真空助力器推动总泵推杆前移，把从进油口进入的制动液往前压，然后制动液从四个出油口分别进入前后轮制动器。

141

问题

（1）为什么现代汽车都采用双腔制动总泵？
（2）在现代维修中，制动总泵损坏以后，直接更换一个总成件吗？

3. 制动分泵

制动分泵安装于制动器内部，常见的有盘式制动分泵和鼓式制动分泵。

（1）盘式制动分泵。盘式制动分泵内有活塞，活塞上有密封圈（在缸筒内部）、防尘套，如图5-16所示。制动分泵和制动钳体制为一体。在后面浮钳盘式制动器给以详细介绍。

（2）鼓式制动分泵。它一般在双活塞制动分泵中使用较广泛，里面有活塞，制动时，制动液从进油口进入分泵，活塞向外移动，顶块随之移动，推动两边的制动蹄向制动鼓靠近，产生制动力，如图5-17所示。

图 5-16　盘式制动分泵

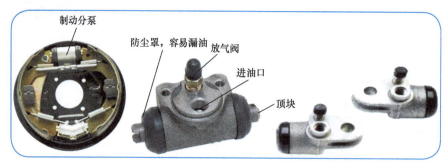

图 5-17　鼓式制动分泵

4. 车轮制动器

车轮制动器常见类型有盘式制动器和鼓式制动器。

（1）盘式制动器。盘式制动器（见图5-18）主要用于轿车，因其优点较多，被现代汽车广泛使用。常见类型有定钳盘式制动器和浮钳盘式制动器，现代汽车广泛采用的是浮钳盘式制动器。

① 浮钳盘式制动器。浮钳盘式制动器（见图5-19）制动性能好，而且结构简单、造价低廉、尺寸较小，可以嵌在车轮轮辐里面，提高汽车抗跑偏能力。

浮钳盘式制动器制动原理：如图5-20所示，制动时，制动液从进油口进入制动钳体，活塞先右移，推动制动块右移向制动盘靠近，当与制动盘接触时，因此时摩擦力较小，无法满足使汽车停下来，随后制动钳体在制动液反作用力作用下沿导向销左移。最后，左右共同夹紧制动盘，使汽车停止。

浮钳盘式制动器工作演示

固定元件：
支架、制动钳体、
制动分泵等

盘式制动器

旋转元件，
包括制动盘

图 5-18　盘式制动器

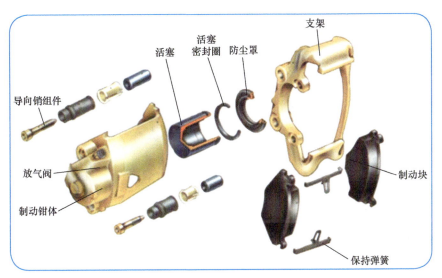

活塞
活塞
密封圈　防尘罩

支架

导向销组件

放气阀

制动钳体

活塞

制动块

保持弹簧

图 5-19　浮钳盘式制动器结构

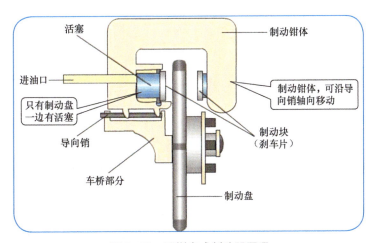

活塞

制动钳体

进油口

只有制动盘
一边有活塞

导向销

车桥部分

制动钳体，可沿导
向销轴向移动

制动块
（刹车片）

制动盘

图 5-20　浮钳盘式制动器原理

我们在生活当中都见到哪些车上用到了浮钳盘式制动器？

② 定钳盘式制动器。定钳盘式制动器（见图5-21（a））结构与浮钳盘式制动器类似，但制动钳体不能移动，油缸较多，结构复杂，尺寸较大，油缸或跨越制动盘的油管容易受热汽化，且紧急制动时，容易造成车轮"抱死"，制动效能不好，不安全，若兼用于驻车制动器，还必须加装一个机械促动的驻车制动钳。这些缺点已难以适应现代汽车的使用要求，现在已很少使用，这里就不做详细介绍。

定钳盘式制动器制动原理：制动时，制动液从进油口进入制动钳体，推动两边活塞和制动块（制动片）同时向制动盘移动，逐渐夹紧制动盘，从而使车轮停止转动，借助轮胎与地面的附着力，使整个汽车停止，如图5-21（b）所示。

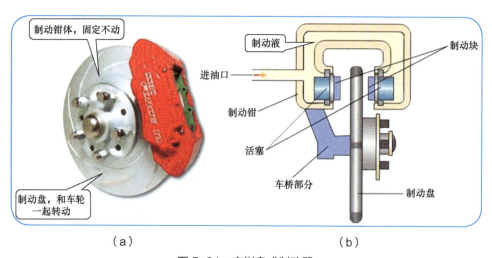

（a）   （b）

图 5-21　定钳盘式制动器

盘式制动器制动间隙是如何实现自动调整的呢？

（2）鼓式制动器。鼓式制动器名称的由来是因为其旋转元件是制动鼓。一般由旋转元件制动鼓和固定元件（除制动鼓之外）组成，如图5-22所示。

鼓式制动器可分为分泵式、凸轮式制动器，液压制动系统主要使用分泵式鼓式制动器。分泵式鼓式制动器类型较多，常见的有领从蹄式、单向双领蹄式、双向双领蹄式、单向自增力式和双向自增力式。

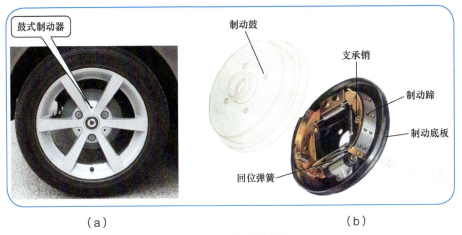

（a）　　　　　　　　　　　　（b）

图 5-22　鼓式制动器

　　领从蹄式制动器是一种非平衡式制动器，即两个制动蹄产生的制动力不一样，一般是前蹄大于后蹄，现今的大多数轿车的后轮常采用领从蹄式制动器。制动鼓按照箭头所示方向转动，汽车制动时，两蹄上端均向两边张开，与制动鼓接触摩擦，产生制动力，制动蹄 1 摩擦片对制动鼓的旋转有相抵作用，与制动鼓结合越来越紧，具有"增势"作用，作为领蹄；而制动蹄 2 摩擦片对制动鼓的旋转具有顺从作用，与制动鼓接触会变松，具有"减势"作用，作为从蹄，因此，称为领从蹄式制动器，如图 5-23 所示。

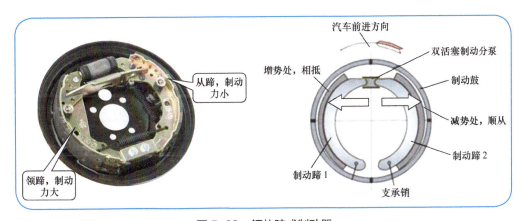

图 5-23　领从蹄式制动器

液压制动系统采用的分泵式鼓式制动器类型较多，除了领从蹄式制动器外还有哪些？它们是怎样工作的呢？

问题

5. 制动片

制动片是磨损件，随着车辆使用制动，制动片将越来越薄，如图 5-24 和图 5-25 所示。

图 5-24　制动片

图 5-25　新旧制动片对比

制动片的更换周期取决于驾驶员使用制动的频率。2 万公里以后的保养，修理工每次将对制动片厚度进行检查，适时提醒客户更换新片。对于前盘后鼓式车型更换两次制动片，需更换一次制动盘，而后轮鼓式制动器摩擦片的更换周期更长。

为保证制动效果，提高安全性，尽量选用原厂制动片。

 任务实施

操作　更换制动片

制动片更换步骤如下：

步骤一：拆卸制动盘。

（1）拆卸车轮、制动软管、ABS 轮速传感器、制动分泵固定螺栓，使用一字螺丝刀轻轻撬出制动分泵，如图 5-26 所示。

（2）取出制动片，如图 5-27 所示。

图 5-26　拆制动分泵固定螺栓

图 5-27　取出制动片

 提示

制动分泵取下后，需用铁丝固定吊挂于车身，防止制动软管受分泵重力而断裂。

步骤二：车轮制动器的检修。

（1）制动片的检修。

① 检查制动片厚度是否符合维修手册标准范围（磨损极限为 1.5mm）。

② 检查制动片摩擦面是否有沟槽、硬化、裂纹及油污。

③ 检查内外制动片磨损是否一致。

（2）制动分泵的检修。

① 检查制动分泵浮动销是否锈蚀。

② 检查分泵浮动销与销孔之间的间隙是否正常无松旷。

③ 检查制动片固定弹片是否正常。

步骤三：制动片的安装。

（1）先安装好制动片弹簧片，再将新的制动片安装到固定支架上，注意将带厚度报警装置的一片安装在制动盘内侧，如图 5-28 和图 5-29 所示。

图 5-28　安装制动片弹簧片

图 5-29　将新制动片安装到固定支架上

（2）用专用工具将分泵活塞压入分泵后，将分泵安装到固定支架上，在浮动销上涂上适量润滑脂，拧紧分泵固定螺栓至规定力矩，如图 5-30～图 5-33 所示。

图 5-30　压分泵

图 5-31　安装分泵

图 5-32　润滑浮动销

图 5-33　拧紧分泵螺栓

（3）安装 ABS 轮速传感器及其固定线束螺栓。

提示

安装分泵前应在分泵固定螺栓（浮动销）上涂上适量润滑脂，以保证分泵回位正常！

（4）安装车轮并将轮胎螺丝对角预紧；放下车辆后，将轮胎螺丝拧紧。

（5）踩制动踏板至正常高度，举升车辆对各部件安装情况进行复检，转动车轮应无异响、拖滞现象；检查各连接部位螺栓拧紧力矩。

提示

竣工后，必须将制动踏板踩至正常高度才可移动车辆低速路试，防止初次制动无制动而出现安全事故！

小心

更换制动片时，分泵与制动软管接头不能拆开，避免制动液泄露，对车身造成腐蚀，以及对人员造成伤害。

制动片检修

实操任务单

前轮盘式制动片更换作业工单		
维修班组：_____ 维修技师甲：_____ 维修技师乙：_____ 质检员：_____		
车辆识别代码		
发动机型号		
任务	**作业记录内容**	**备注**
一、前期准备	安装三件套、翼子板布和前格栅布。□ 工具（专用工具）准备。□ 新制动片、制动油等。□	环车检查车身状况
二、安全检查	检查驻车制动器及挡位。□ 安全使用举升机。□ 现场安全确认。□	
三、拆解制动片	工具使用规范（用力方向、力矩）。□ 拆卸轮胎螺丝方法：_____ 专用工具将分泵活塞回到一定位置再拆卸分泵。□ 取下分泵后固定，避免制动油管受拉力。□	
四、检查制动片	制动片的极限厚度是多少？_____mm 制动盘的磨损极限是多少？_____mm 一般车辆的制动片更换周期？_____km 或_____Y 制动片检查项目与标准：_____	
五、更换新制动片	组装制动分泵回位器。□ 按制动片上的标记安装。□ 制动片安装技巧（方向、左右、标记、先后顺序）：_____ _____ 检查转速传感器、制动片磨损警报装置线束连接情况。□ 螺栓按规定拧紧。□	
六、检查	检查制动油（液面高度）。□ 恢复使制动片与制动盘制动间隙。□	
七、6S 管理规范	将工具及物品摆放归位。□ 汽车整体检查（复检）。□ 整个考核过程按 6S 管理要求实施。□	
工单记录员：_____ 车间主任：_____ 客户签字：_____ 维修时间：_____		

项目五　制动系统的检修

任务三　驻车制动器的调整

 学习目标

（1）了解驻车制动器的常见类型。

（2）熟悉常见驻车制动器的工作原理。

 相关知识

一、驻车制动器的作用

驻车制动器的作用是使停驶后的汽车防止滑溜，便于坡道起步，当行车制动失效后临时使用或配合行车制动器进行紧急制动。

二、驻车制动器常见类型

驻车制动器主要有带驻车制动机构的车轮鼓式制动器、中央制动器、强力弹簧驻车制动器组合制动气室。

1. 带驻车制动机构的车轮鼓式制动器

国产许多轿车等都是由后轮鼓式制动器兼驻车制动器（见图5-34）。驻车制动时，向上拉驻车制动杆，拉绳便拉动驻车制动杆杆绕支点转动，推动压板左移，最终，两蹄向两边张开，与制动鼓靠近，产生制动力，实现驻车制动。

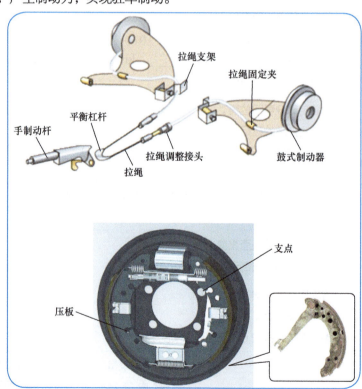

图5-34　带驻车制动的车轮鼓式制动器

2. 中央制动器

中央制动器常见类型有蹄鼓式、蹄盘式、带鼓式等，本书只介绍蹄鼓式中央制动器。

蹄鼓式驻车制动器又称凸轮张开式制动器。制动鼓和变速器输出轴（第二轴）后端的凸缘盘连在一起转动，制动底板通过螺栓固定在变速器输出轴轴承盖上，不能转动。

驻车制动时，如图 5-35 中箭头所示，向后拉动驻车制动杆，传动杆前移，摇臂 1 顺时针转动，拉杆下移，摇臂 2 也顺时针带动凸轮转动，凸轮式制动器工作，从而制动变速器输出轴，最终制动驱动轮，使整个汽车保持原地不动。

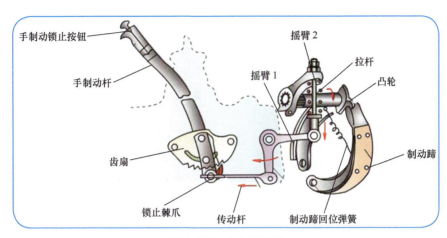

图 5-35　中央制动器

解除制动起步时，按下驻车制动主锁止按钮，放下驻车制动主杆，制动蹄在回位弹簧作用下回位，制动解除。

汽车起步松开驻车手制动杆时应按下手制动锁止按钮。

任务实施

操作　驻车制动器的检修

步骤一：驻车制动器的检查。

（1）检查驻车制动手柄的拉起行程是否符合要求。

（2）拉起手柄 2～3 个齿，转动后轮检查制动效果，应无明显阻力且不抖动，如图 5-36 和图 5-37 所示。

（3）松下手柄，再次转动后轮检查制动是否回位。

（4）举升车辆检查驻车制动拉索是否有破损，连接是否正常，如图 5-38 所示。

（5）拉动驻车制动手柄，检查拉索是否灵活，如图 5-39 所示。

图 5-36　拉驻车制动手柄

图 5-37　转动后轮

图 5-38　检查拉索连接

图 5-39　检查拉索是否灵活

步骤二：驻车制动器的调整。

（1）打开主副驾驶座椅中间的中央储物箱盖，用一字螺丝刀撬出储物箱底板并取出，如图 5-40 所示。

（2）放下驻车制动手柄，用开口扳手拧动调整螺母进行调整，如图 5-41 所示。

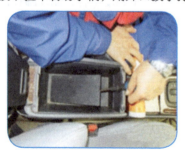

图 5-40　拆中央储物箱盖

图 5-41　调整螺母

（3）调整后拉起驻车制动手柄检查其工作行程是否符合标准要求。

（4）复检驻车制动效果及回位情况。

（5）安装储物箱底板，关上储物箱盖。

步骤三：6S 管理规范整理工具，清扫工作现场。

驻车制动器的调整与安装

手制动的正确使用方法

 **实操任务单**

	驻车制动调整作业工单 维修班组：＿＿＿＿ 维修技师甲：＿＿＿＿ 维修技师乙：＿＿＿＿ 质检员：＿＿＿＿		
整车型号			
车辆识别代码			
发动机型号			
任务	作业记录内容		备注
一、前期准备	安装三件套、翼子板布和前格栅布。□ 工具（专用工具）准备。□ 新制动片、制动油等。□		环车检查车身状况
二、安全检查	检查驻车制动器及挡位。□ 安全使用举升机。□ 现场安全确认。□		
三、检查驻车制动	拉起行程是否符合要求。□ 检查制动效果。□ 制动是否回位。□ 检查拉索。□		
四、标准	驻车制动标准：＿＿＿＿＿＿＿＿＿＿＿＿＿＿		
五、调整	调整位置：＿＿＿＿＿＿＿＿＿＿＿＿＿＿ 调整方法：＿＿＿＿＿＿＿＿＿＿＿＿＿＿ 调整步奏：＿＿＿＿＿＿＿＿＿＿＿＿＿＿ ＿＿＿＿＿＿＿＿＿＿＿＿＿＿＿＿＿＿ 注意事项：＿＿＿＿＿＿＿＿＿＿＿＿＿＿		
六、试车	试车。□		
七、6S 管理规范	将工具及物品摆放归位。□ 汽车整体检查（复检）。□ 整个考核过程按 6S 管理要求实施。□		
	工单记录员：＿＿＿＿ 车间主任：＿＿＿＿ 客户签字：＿＿＿＿ 维修时间：＿＿＿＿		

任务四　制动系统典型故障的排除

学习目标

掌握制动系统常见故障的检修。

任务实施

制动系统典型故障有仪表盘制动指示灯常亮、制动拖滞、制动跑偏、制动失效等。

故障一：仪表盘制动指示灯常亮

（1）故障现象。在行驶或停车时，仪表盘制动指示灯处于警示状态，如图5-42所示。

（2）排除步骤如下。

图5-42　仪表盘制动指示灯常亮

① 检查驻车制动车有没有放到位

② 检查储液罐液面是否过低。（液面过低不要急于添加）

③ 检查制动总泵、ABS 总泵等是否漏油

④ 检查油管是否凹瘪、接头是否松动漏油，制动软管是否老化、破裂

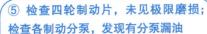

⑤ 检查四轮制动片，未见极限磨损；检查各制动分泵，发现有分泵漏油

⑥ 更换漏油分泵，适量添加制动液。试车检查情况良好，故障排除

（3）仪表盘制动指示灯亮故障其他原因及检修方法如表5-1所示。

表5-1　　　　　　　　　　　　　仪表盘制动指示灯亮故障其他原因及检修方法

故障原因	检查方法	处理办法
驻车制动未放松或接触点脱落	调整、检查	调整、修理
制动片变薄，活塞前移	观察、拆检	更换制动片
制动片末端传感器磨断	观察、检测	更换
制动液面传感器故障	观察	修理、更换传感器

思考　为什么制动液面下降导致的制动灯亮，往往开始发现于行车急加速、急减速时（即先在加、减速时闪亮)?

故障二：制动拖滞

（1）故障现象。使用制动后，松开踏板，汽车起步和加速困难；汽车行驶一段里程后，制动盘发热。

（2）排除步骤如下。

① 将车辆升起，逐轮转动，判断是单轮拖滞还是全轮拖滞

② 若全轮拖滞，着重检查制动总泵、真空助力器和制动踏板

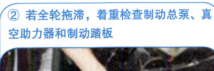

③ 若个别车轮，检查拖滞车轮制动管路、分泵、制动片，找到故障点

④ 找到故障点，处理后试车正常，故障排除

（3）制动拖滞故障其他原因及检修方法如表5-2所示。

表5-2　制动拖滞其他故障原因及检修方法

故障原因	检查方法	处理办法
制动踏板卡住不能回位	观察、拆检	润滑、更换回位弹簧
总泵不能回位	观察、拆检	更换总泵
分泵不能回位	观察、拆检	更换分泵
制动片卡滞	观察，拆检	修理、更换
制动油管堵塞	观察、拆检	疏通、修理或更换

故障三：制动跑偏

（1）故障现象。汽车制动时，行驶方向发生偏斜。

（2）排除步骤如下。

① 汽车路试制动，根据印迹（或升起转动车轮）确定转动阻力较大车轮

② 检查该轮轮胎气压是否充足

③ 检查该轮制动分泵、制动片是否卡滞失效。（卡滞导致跑偏）

④ 拆检制动器，制动管路、分泵是否漏油，制动片是否被油污染。（失效导致跑偏）

⑤ 检查分泵内是否混入空气

⑥ 找出故障点，修理排除，路试良好，故障排除

提示　制动跑偏是由于车辆两边车轮制动力不一样。

（3）制动跑偏故障其他原因及检修方法如表5-3所示。

表5-3　　　　　　　　　　　　　制动跑偏故障其他原因及检修方法

故障原因	检查方法	处理办法
左右轮摩擦片材料新旧不一	观察、拆检	更换摩擦片
左右分泵技术状况不一	拆检	更换分泵
单边油管凹瘪、堵塞、漏油	观察	修理、更换
单边制动器故障	拆检	修理、更换

故障四：制动失效

（1）故障现象。连续踩制动，车辆无明显减速。

（2）排除步骤如下。

① 检查储液罐液面

② 检查制动踏板是否异常

③ 检查真空助力器是否异常

④ 检查制动总泵是否异常，找出故障点，排除故障

（3）制动失效故障其他原因及检修方法如表5-4所示。

表5-4　　　　　　　　　　　制动失效故障其他原因及检修方法

故障原因	检查方法	处理办法
制动液缺失	观察	更换制动液
真空助力器损坏	观察	更换主缸
踏板至主缸推杆连接脱开	观察	修理

生活中，汽车发生制动失效的可能性较小，但一旦出现将会伴随重大事故，请严肃认真对待。